KB184399

산리오캐릭터즈
직업 탐험

차 례

1 교육·음악·미술

2 스포츠·미디어

3 생활·서비스

4 의료·안전

5 IT·과학

6 법·행정

들어가기 전에

'직업'은 우리가 살아가는 데
필요한 돈을 벌기 위해서도 중요하지만,
자신의 재능을 발휘하여 즐거움과
성취감을 얻는 기회이기도 해요.

미래의 나는 어떤 일을 하게 될까요?
나의 성격과 재능에는 어떤 직업이 어울릴까요?

산리오캐릭터즈와 함께
분야별로 다양한 직업들을 살펴보며
여러분의 미래 모습을 그려 보세요.

1

교육·음악·미술

가수

가수는 무대에서 노래를 부르는 직업입니다. 주로 밴드와 오케스트라와 같은 다양한 악기 연주나 녹음된 반주에 맞추어 노래를 부릅니다. 그리고 유명한 가수의 뒤에서 코러스와 합창을 하는 가수들도 있어요. 가수들은 대중가요, K-POP, 가곡, 국악 등 다양한 장르에서 활동할 수 있습니다. 요즘에는 장르를 넘나들며 자신의 노래를 하는 가수들이 많아지고 있지요. 가수는 뛰어난 가창력뿐만 아니라 표현력, 그리고 가사를 전달할 수 있는 능력이 필요합니다. 또한 가수들은 광고와 영화, 드라마에서 쓰이는 곡에 참여하기도 합니다.

어떤 능력과 기술이 필요할까요?

물론 뛰어난 노래 실력이 가장 중요합니다. 정확한 음정과 박자, 그리고 넓은 음역대도 중요하지만, 나에게 잘 맞고 어울리는 노래를 찾아서 부르는 것도 중요하지요. 노래 실력과 더불어 뛰어난 표현력도 필요합니다. 노래에 실려 있는 감정과 분위기를 관객에게 전달할 수 있어야 하니까요. 또한 요즘은 직접 작사, 작곡을 하는 싱어송라이터*도 많습니다. 작사와 작곡 능력을 모두 갖춘다면 가수 스스로에게 가장 잘 어울리는 멋진 음악을 만들어 낼 수 있을 거예요.

*싱어송라이터 : 노래를 부르며 작사와 작곡을 겸하는 사람.

관련 전공, 추천 학과

성악과, 실용음악과, 음악과, 음악교육과 등

무엇을 준비하면 좋을까요?

연예 기획사들은 정기적으로 오디션을 열어 가수가 될 친구들을 찾고 있습니다. 각종 오디션 프로그램이나 대회의 참가자들 중 재능이 있는 친구들을 선발하기도 해요. 연예 기획사의 연습생으로 선발되면 보통 1-3년 정도의 시간을 거쳐 음반을 준비하고 가수로서 데뷔하게 됩니다. 연예 기획사의 도움 없이 자신의 음반을 직접 만들어 가수가 되는 방법도 있어요. 요즘은 SNS(소셜 네트워크 서비스)를 통해 먼저 인기를 얻어 가수 데뷔로 이어지는 경우도 많으므로, 많은 사람이 내 노래를 들을 수 있도록 거리 공연이나 온라인 커뮤니티를 이용하는 것도 좋습니다. 노래에 관한 전문적인 교육을 받기 위해 관련 학교와 학과에 진학하거나 학원에 다니는 것도 도움이 될 거예요.

이 직업이 제게 어울릴까요? 체크 리스트

- ☐ 노래방에 가서 노래를 부르면 다들 칭찬한다.
- ☐ 한 번 들은 노래는 잘 잊어버리지 않고, 가사도 잘 외운다.
- ☐ 노래를 잘 부르기 위해 여러 번 반복해서 듣고 분석한다.
- ☐ 학교에서 노래를 부를 일이 있을 때 매번 대표로 꼽힌다.
- ☐ 노래를 부르는 것이 세상에서 제일 즐겁다.
- ☐ 흥이 많다는 이야기를 들어 본 적이 있다.
- ☐ 무대에 서는 것이 조금도 무섭지 않다.
- ☐ 감수성이 풍부하고 음악을 사랑한다.

연주가

세상에는 수많은 악기들이 있습니다. 하지만 그 악기를 제대로 다룰 수 있는 사람은 많지 않지요. 연주가는 그 악기를 누구보다 훌륭하게 다루어 최고의 소리를 내는 일을 하는 사람이에요. 연주가들은 혼자서 혹은 오케스트라*나 밴드의 일원으로 자신의 악기를 연주합니다. 곡에 가장 어울리는 소리를 만들어 내기 위해서는 많은 연구와 곡 해석 능력이 필요해요. 또한 자신의 악기가 다양한 악기와 함께 음악을 만들어 내는 일이 많기 때문에 다른 연주자들과 잘 어우러지는 것도 매우 중요합니다. 연주가들은 콘서트나 공연에서 악기를 연주하기도 하고 음반 제작을 위해 녹음에 참여하기도 해요. 또한 악기를 배우고 싶어 하는 사람들에게 연주하는 법을 가르치는 것도 연주가들의 역할이랍니다.

어떤 능력과 기술이 필요할까요?

연주가는 악기를 통해 관객에게 최상의 소리를 들려줄 수 있어야 합니다. 이를 위해서 당연히 누구보다 뛰어난 연주 실력이 필요해요. 뛰어난 실력으로 정확한 음정과 박자를 맞추는 것은 물론, 곡의 분위기와 감정을 살릴 수 있어야 하므로 감수성과 창의력 역시 매우 중요합니다. 또한 연주가들은 가수 혹은 다른 연주자들과 함께 연주하는 경우가 많기 때문에 다양한 악기에 대한 이해가 있어야 해요.

*오케스트라 : 관현악을 연주하는 단체.

관련 전공, 추천 학과

작곡과, 실용음악과, 음악학과 등

무엇을 준비하면 좋을까요?

연주가가 되기로 결심했다면 먼저 꾸준한 훈련이 필요합니다. 훌륭한 연주를 하기 위해서는 악기 다루는 법을 배우는 것부터 시작해야겠죠? 내가 연주하고 싶은 악기를 알아보고, 학교의 방과 후 수업이나 학원에서 악기의 기초를 배우는 것부터 시작해 보세요. 연주가로서의 길을 걷겠다는 확신이 든다면 좀 더 심도 높은 수업을 받을 수 있도록 유명 연주자나 선생님을 찾아 악기를 배우는 것이 좋습니다. 연주가들은 자기 악기의 전문가가 되어야 하기 때문에 음악을 전문적으로 다루는 예술학교와 전공에 진학하는 것을 추천합니다. 연주가들은 유명한 학교에서 배우기 위해 해외로 유학을 가는 경우도 많습니다. 이를 위해 해당 국가의 언어를 배워 두는 것도 큰 도움이 될 거예요.

이 직업이 제게 어울릴까요? 체크 리스트

- ☐ 음을 듣자마자 알아맞히는 경우가 있다.
- ☐ 악기 연주를 좋아하고, 꾸준히 배워 왔다.
- ☐ 아주 미세한 소리도 쉽게 구분해 낼 수 있다.
- ☐ 감정이 풍부하고 표현력이 좋은 편이다.
- ☐ 창의적이고 상상력이 뛰어나다.
- ☐ 학교 대표로 악기 연주에 참여해 본 적이 있다.
- ☐ 무대 위에 서는 것을 즐기고 사람들에게 내 연주를 들려주는 것이 즐겁다.

작곡가

우리는 하루도 빠짐없이 음악을 듣게 됩니다. 작곡가는 이런 아름다운 음악을 직접 만들어 내는 사람이에요. 음악에는 대중가요와 관현악, 성악, 국악에 이르기까지 다양한 종류가 있으며, 영화와 드라마, 광고 등 분야를 가리지 않고 우리 생활 곳곳에서 사용돼요. 작곡가들은 대부분 한 개 이상의 악기를 연주할 수 있고, 직접 노래를 하며 작곡도 하는 싱어송라이터도 있어요. 과거의 작곡가들은 보통 머릿속에 떠오르는 멜로디를 직접 연주해 보면서 악보를 그렸어요. 요즘에도 그런 방식으로 작업하는 작곡가들이 있지만 대부분의 작곡가들은 컴퓨터 프로그램을 사용하여 작곡을 하고 있습니다.

어떤 능력과 기술이 필요할까요?

작곡가는 화성학*을 잘 알아야 합니다. 다양한 음과 소리를 예민하게 구분하고 조화롭게 만들어 낼 수 있어야 해요. 작곡을 위해서는 악기 연주도 필수적이기에 한 가지 이상의 악기를 능숙하게 다룰 줄 아는 것이 좋습니다. 작곡에 필요한 다양한 프로그램의 사용법도 익혀야 합니다.

***화성학** : 음악에서 여러 음이 함께 어울리는 방법을 연구하는 학문.

관련 전공, 추천 학과

작곡과, 음악학과, 실용음악과, 미디어 작곡 전공 등

무엇을 준비하면 좋을까요?

작곡가가 되기 위해서는 전문적으로 음악 교육을 받는 것이 좋습니다. 대학을 비롯한 전문 교육 기관의 관련 학과에 진학하면 작곡가가 되는 것에 많은 도움이 됩니다. 작곡가는 일반적으로 음반 회사나 기획사와 함께 일하는 경우가 많아요. 하지만 요즘에는 SNS를 이용해 자신의 곡을 소개하고, 이를 통해 기회를 얻어 작곡가로서의 경력을 시작할 수도 있습니다. 평소 떠오르는 음악을 잘 정리해서 작곡을 하다 보면 자신만의 개성 있는 음악이 탄생하는 경우가 많으니 꾸준히 작업을 해 보는 것이 좋겠습니다.

이 직업이 제게 어울릴까요? 체크 리스트

- ☐ 장르를 가리지 않고 다양한 음악을 듣는다.
- ☐ 컴퓨터 다루는 것을 좋아하고 빨리 배운다.
- ☐ 남들과는 다른 독창적인 생각을 해낸다는 소리를 자주 듣는다.
- ☐ 논리적인 사고를 잘한다.
- ☐ 나만의 독특한 방법으로 표현하는 것을 좋아한다.

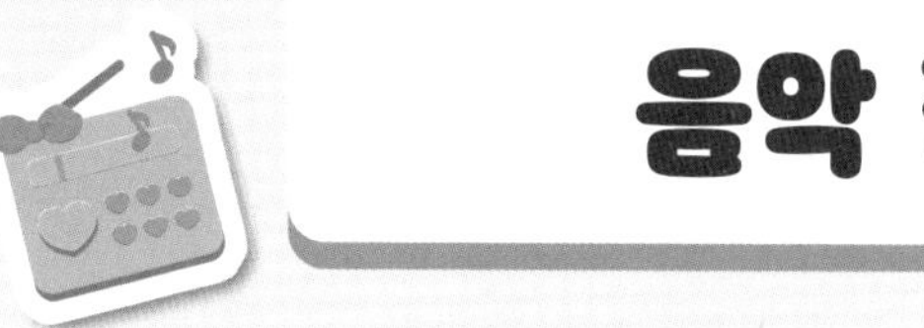

음악 감독

음악 감독은 음반 혹은 영화나 드라마, 광고 등에 들어가는 음악을 결정하고 제작하는 사람입니다. 음반의 주제와 스타일을 결정하고 그에 맞는 가수, 연주자, 녹음실 섭외까지 음반을 만들기 위해 필요한 모든 일을 지휘합니다. 어떤 곡을 넣을지, 곡을 언제 발표할지 정하는 것도 음악 감독이 결정합니다. 영화나 드라마, 광고 분야에서 일하는 음악 감독은 영상에 맞게 곡을 선정하고 곡을 편곡*하는 일을 합니다. 영상의 분위기와 이야기를 더 효과적으로 전달하기 위해 새로운 곡을 작곡하기도 하지요. 그래서 작곡가로 활동한 경력이 있거나 연주가, 가수였던 음악 감독도 많습니다.

어떤 능력과 기술이 필요할까요?

음악 감독은 음악에 대한 높은 이해도는 물론이고 음악을 만들기 위해 필요한 기술을 빠짐없이 알아야 합니다. 장르를 가리지 않고 폭넓은 음악적 지식을 갖춰야 하며 트렌드도 놓치지 않아야 해요. 또한 음악 감독의 일은 혼자서 하는 것이 아닌 많은 사람과 함께하는 일이기 때문에 모든 음악가들에게 확실한 목표를 제시하고 그들을 이끌어 갈 수 있는 리더십이 필요합니다.

***편곡** : 지어 놓은 곡을 다르게 바꿈.

관련 전공, 추천 학과

작곡과, 실용음악과, 음악학과 등

무엇을 준비하면 좋을까요?

음악 감독 역시 작곡가처럼 음악에 관한 전문적인 교육을 받는 것이 좋습니다. 음악에는 여러 가지 종류가 있기 때문에 장르를 가리지 않고 폭넓은 지식을 갖는 것이 필요해요. 평소 다양한 영화나 드라마를 통해 음악이 어떻게 사용되는지 잘 익혀 두는 것도 도움이 될 거예요. 또한 음악 감독은 함께 일하는 사람들의 의견을 듣고 하나의 방향으로 결정해야 하기 때문에 리더십을 키울 필요가 있습니다.

이 직업이 제게 어울릴까요? 체크 리스트

- ☐ 음악을 사랑하고, 최신 음악을 빼놓지 않고 듣는다.
- ☐ 유행에 민감한 편이다.
- ☐ 음악을 만드는 과정에 큰 관심이 있다.
- ☐ 악기를 잘 연주할 수 있거나 노래를 잘한다.
- ☐ 혼자서 하는 일보다는 다 함께 하는 일을 더 좋아한다.
- ☐ 다른 사람들의 의견을 귀담아듣고 존중할 줄 안다.
- ☐ 영상이나 공간의 분위기에 맞춰 음악을 고른다.

지휘자

수많은 연주자들이 하나의 곡을 완성해 나가는 오케스트라를 본 적 있나요? 지휘자는 무대 위에서 아무 악기도 연주하지 않지만, 이 모든 연주자들을 지휘하여 아름다운 음악을 만들어 내는 사람입니다. 무대 위에서의 지휘뿐만 아니라 무대 뒤에서의 지휘도 지휘자의 몫입니다. 지휘자는 공연에 필요한 곡을 선정하고 심사를 통해 연주자들을 선발하고 각 악기의 화음이 균형과 조화를 이룰 수 있도록 연주자들을 배치해요. 또한 음악 작품을 해석하여 가장 아름다운 소리를 낼 수 있도록 연구하고, 또는 악보를 편곡하기도 합니다.

어떤 능력과 기술이 필요할까요?

지휘자에게는 타고난 음악적 재능과 예술적 감각이 꼭 필요합니다. 완벽한 박자 감각은 물론이고 수많은 악기들의 소리를 일일이 구분할 수 있을 만큼 예민한 청각을 가지고 있어야 해요. 연주자들이 지휘를 정확히 알아볼 수 있도록 손이나 몸동작을 이용한 지휘법도 능숙하게 해내야 합니다. 또한 악보를 해석하고 편곡할 수 있어야 하기 때문에 음악 이론에 대한 높은 이해도가 필요합니다.

관련 전공, 추천 학과

음악학과, 작곡과, 관현악과, 기악과, 음악교육과 등

무엇을 준비하면 좋을까요?

지휘자는 여러 연주자들을 이끌고 음악을 만들어 내야 하기 때문에 음악 이론을 열심히 공부해 두면 큰 도움이 됩니다. 또한 악기마다 소리와 역할이 다르기 때문에 다양한 악기들의 특징과 기본적인 연주법을 미리 공부하면 좋습니다. 많은 악기들의 흐름을 동시에 이해하고 수많은 연주곡들의 흐름을 모두 기억해야 하기 때문에 암기력을 키우는 것이 좋아요. 훌륭한 연주자들을 악단에 모으기 위해서는 뛰어난 리더십도 필요합니다. 틈틈이 공연에 가는 등 연주자들에게 관심을 가진다면 훌륭한 오케스트라를 구성하는 데 큰 도움이 되겠지요?

이 직업이 제게 어울릴까요? 체크 리스트

- ☐ 무대에 서는 것을 두려워하지 않고, 주목받는 것을 즐긴다.
- ☐ 상상력이 풍부하고 종종 엉뚱하다는 이야기를 듣는다.
- ☐ 궁금한 것이 있으면 질문하고 이유를 꼭 알아내는 편이다.
- ☐ 카리스마가 있다는 말을 많이 듣는다.
- ☐ 집중력이 뛰어나고 몰입을 잘한다.
- ☐ 소리에 예민하고 박자 감각이 좋다.
- ☐ 악기 연주를 좋아한다.

댄서

댄서는 무대에서 음악에 맞추어 춤을 추는 일을 합니다. 댄서들은 음악에 어울리는 춤을 개발하고, 아름다운 몸짓을 이용해 음악을 표현하고 무대를 꾸밉니다. 춤에는 발레, 댄스 스포츠, 브레이크댄싱, 힙합, 현대 무용 등 다양한 장르가 있어요. 인기 있는 아이돌 가수들 역시 가수인 동시에 댄서라고 부를 수 있습니다.

어떤 능력과 기술이 필요할까요?

댄서는 춤에 대한 기초 지식을 갖춰야 해요. 하지만 지식만으로는 댄서가 될 수 없습니다. 댄서는 다양한 춤을 소화하기 위해서 효율적으로 몸을 움직일 수 있는 신체 능력이 필요해요. 또한 음악에 맞춰 감정을 함께 표현해 내야 하기 때문에 박자 감각과 더불어 연기력도 갖춰야 합니다. 무대 위에서 지치지 않고 완벽한 춤을 추기 위해서는 체력도 뒷받침되어야 해요.

관련 전공, 추천 학과

무용과, 실용무용과, 무용학과 등

무엇을 준비하면 좋을까요?

많은 댄서들은 댄스 학원이나 전문 교육 기관에서 사람들에게 춤을 가르치고 있어요. 수업을 들으며 춤추는 법을 익히고, 자신만의 표현을 익히기 위해 꾸준히 연습해야 합니다. 댄서들에게는 무대 경험이 매우 중요하기 때문에 작은 역할이라도 적극적으로 맡으며 많은 경험을 쌓는 것이 큰 도움이 될 거예요. 춤과 관련된 크고 작은 대회들이 많이 열리므로 열심히 참여해 보는 것도 좋습니다. 춤을 추기 위해서는 건강한 신체가 꼭 필요하기 때문에, 평소 운동을 열심히 하고 건강한 생활 습관을 지키는 것도 중요해요.

이 직업이 제게 어울릴까요? 체크 리스트

- ☐ 나는 춤추는 일이 세상에서 제일 즐겁다.
- ☐ 유연한 편이고 몸을 잘 움직일 줄 안다.
- ☐ 박자 감각이 좋고, 반응이 빠른 편이다.
- ☐ 창의적이고 독특한 생각을 잘 해낸다.
- ☐ 나는 재미가 없는 일이라도 내가 해야 할 일을 매일 꾸준히 해낸다.
- ☐ 사람들에게 내 춤을 보여 주는 것이 부끄럽지 않고, 오히려 즐겁다.
- ☐ 주변 사람들에게 끼가 많다는 이야기를 들은 적이 있다.

만화·웹툰 작가

우리가 좋아하는 만화, 웹툰을 직접 만드는 일이에요. 그림을 잘 그리는 것은 물론이고 재미있는 이야기와 매력적인 캐릭터들을 만들어 내야 합니다. 다양한 재능을 고르게 갖춘 친구들에게 추천하고 싶은 직업이에요. 하지만 대부분의 만화와 웹툰은 그림 작가, 이야기 작가 등 다양한 사람들이 힘을 합쳐 완성되기 때문에 내가 그림을 잘 못 그리거나, 이야기를 만드는 데에 부족한 부분이 있어도 도전할 수 있습니다.

어떤 능력과 기술이 필요할까요?

그림 작가는 포토샵이나 코믹 스튜디오 등 그림 작업에 필요한 컴퓨터 프로그램을 능숙하게 다룰 줄 알아야 합니다. 이야기 작가는 특색 있는 이야기를 다뤄야 하기 때문에 책과 만화 등 다양한 콘텐츠를 통해 이야기 구성하는 방법을 익혀 보는 것이 필요해요.

관련 전공, 추천 학과

만화 창작과, 만화애니메이션학과, 순수미술, 디자인, 문예 창작과, 콘텐츠 관련 전공 등

무엇을 준비하면 좋을까요?

작가들 중에는 만화·웹툰과 전혀 관련이 없는 일을 하던 사람들도 많아요. 작가로서의 첫걸음은 자신의 작품을 좋아해 주는 독자들을 얻는 것입니다. 이를 위해서 작가 지망생들은 공모전에 도전하기도 합니다. 그리고 유명한 만화 작가의 어시스턴트*로 작업을 시작하며 옆에서 배우는 경우도 있고, 만화·웹툰을 전문적으로 만드는 스튜디오에서 일하며 경험을 쌓기도 합니다. 자신의 SNS에 작품을 올리며 일상을 공유하고 독자들과 소통하는 작가들도 많아요. 꾸준히 자신만의 이야기를 올려 보는 것은 어떨까요? 어느 날 작가의 길이 열릴 수도 있으니까요.

이 직업이 제게 어울릴까요? 체크 리스트

- ☐ 다양한 이야기를 하는 것을 좋아하고 관심사가 다양하다.
- ☐ 직접 만화·웹툰을 만들어 보고 싶다고 생각한다.
- ☐ 만화·웹툰을 만드는 과정이 궁금하다.
- ☐ 성실하고 시간과 약속을 잘 지킨다.
- ☐ 일기처럼 기록을 남기는 것을 좋아한다.
- ☐ 창의적이고 상상력이 풍부하다.
- ☐ 평소에 만화·웹툰을 즐겨 본다.

*어시스턴트 : 작가를 도와 공동작업을 하는 보조작가.

큐레이터

박물관이나 미술관에서 작품과 유물 등을 수집하고 연구하며 우리가 보는 전시를 기획하는 일을 합니다. 큐레이터에게는 전시할 작품과 유물의 예술적, 역사적 가치를 알아볼 수 있는 안목이 정말 중요하답니다. 큐레이터들은 수집한 작품의 가치를 정확하게 파악해야 합니다. 그렇기 때문에 역사와 예술에 대한 지식과 그 작품을 해석할 수 있는 통찰력이 필요해요. 유물을 발굴*하고 복원하는 일 역시 큐레이터의 일입니다. 큐레이터들은 현장에 가서 직접 발굴 작업을 하기도 하고, 예술 작품 경매에 참여하기도 해요. 수집한 작품과 유물을 직접 복원하고 알맞은 환경에 보관하는 것 또한 큐레이터의 일입니다.

어떤 능력과 기술이 필요할까요?

큐레이터가 되기 위해서는 해당 분야에 대한 해박한 지식이 필요합니다. 그렇기 때문에 많은 큐레이터들은 석사 이상의 고학력자인 경우가 많아요. 해외 대학에 유학을 다녀온 큐레이터도 많지요. 또한 다양한 정보를 습득하고 작품과 자료들을 이해하기 위해 영어뿐만 아니라 한자와 같은 다양한 언어를 공부하는 것도 필요합니다.

*발굴 : 땅속에 묻혀 있는 것을 찾아서 파냄.

관련 전공, 추천 학과

예술학, 미학, 사학, 인류학, 고고학, 미술 이론, 인문학, 언어학 등

무엇을 준비하면 좋을까요?

역사와 예술에 관해 많은 관심이 필요해요. 시간이 날 때마다 미술관과 박물관을 방문해 전시들을 관람하며 시야를 넓히는 것도 매우 중요합니다. 국내 자격증으로는 국립중앙박물관에서 시행하는 정학예사와 준학예사가 있어요. 국공립 박물관과 미술관은 학예사 자격증을 중요하게 보기 때문에 꼭 취득*하는 것이 좋아요. 자격증을 따기 위해서는 이 분야에서 일해 온 경험이 필수적이기 때문에 봉사 활동, 인턴십 등 다양한 프로그램 참여가 중요합니다.

이 직업이 제게 어울릴까요? 체크 리스트

- ☐ 역사와 미술에 관심이 많고 전시 보는 것을 좋아한다.
- ☐ 전시를 보고 난 후 감상문을 적는 편이다.
- ☐ 여행을 가면 그 지역의 박물관과 미술관을 제일 먼저 찾는다.
- ☐ 외국어에 관심이 많고 외국어 공부하는 것을 좋아한다.
- ☐ 책 읽는 것을 좋아하고 즐긴다.
- ☐ 많은 사람들에게 내가 가진 지식을 소개하고 싶다.

*취득 : 자기 것으로 가짐.

화가

화가는 우리가 미술관이나 박물관에서 볼 수 있는 그림들을 그리는 사람이에요. 물론 그림을 잘 그리는 것이 매우 중요하겠지요? 하지만 훌륭한 화가라면 그림 실력만큼이나 자신의 세계가 뚜렷해야 합니다. 화가에게 확고한 자신만의 개성이 존재하지 않는다면 관객들의 주목을 이끌기 어렵거든요. 화가들은 갤러리에서 자신의 작품을 전시합니다. 하지만 그 외에도 고객의 요청을 받아 특정 공간에 어울리는 그림을 그리기도 해요.

어떤 능력과 기술이 필요할까요?

섬세한 관찰력과 표현력이 필요합니다. 눈에 보이지 않는 나의 상상을 직접 그림으로 표현해 낼 수 있을 만큼 그림을 잘 그려야 해요. 또한 색깔을 잘 구분하고 사용할 줄 알아야 합니다. 그림을 단순히 잘 그리는 것뿐만 아니라 나만의 미술 작품을 만들어 낼 수 있는 창의력도 필요해요. 우리 사회 속의 다양한 현상을 담아낼 수 있는 통찰력도 필요합니다.

관련 전공, 추천 학과

회화과, 판화과, 동양화과 등 순수미술 관련 전공

무엇을 준비하면 좋을까요?

화가가 되기 위해서는 훌륭한 그림 실력이 필수적입니다. 이를 위해서 화가를 꿈꾸는 많은 친구들이 미술 교육에 특화되어 있는 미술 대학을 가고 싶어 하지요. 하지만 꼭 미술을 전공할 필요는 없어요. 요즘에는 미술을 전공하지 않은 화가들도 많아서, 이들이 그린 그림은 '아웃사이더 아트*'라는 장르로 분류되기도 합니다. 물론 전공과 관계없이 훌륭한 그림 실력과 작품은 꼭 갖춰야 하겠죠? 또한 현대 회화는 다양한 매체나 재료를 이용하고 있기 때문에 내가 표현하고자 하는 작품에 필요한 것들을 알기 위해, 단순히 그림 그리기 실력만 키우는 것이 아닌 다양한 경험을 해 보는 것이 좋습니다.

이 직업이 제게 어울릴까요? 체크 리스트

- ☐ 내가 사람들에게 보여 주고 싶은 나만의 예술 세계가 있다.
- ☐ 주변에서 나에게 그림을 잘 그린다는 말을 자주 한다.
- ☐ 세상에 있는 모든 것들을 그리고 표현해 보고 싶다.
- ☐ 머릿속에 무엇을 그려야 할지 분명하게 떠오른다.
- ☐ 상상력이 풍부하고 엉뚱하다는 말을 듣는다.
- ☐ 나는 세상에서 그림 그리는 것이 제일 좋다.
- ☐ 멋진 것들을 보면 당장 그림을 그리고 싶다.
- ☐ 어울리는 색깔을 잘 배치할 수 있다.

*아웃사이더 아트 : 특정한 미술 흐름에 있지 않은 자유로운 예술 활동.

일러스트레이터

일러스트레이터 역시 화가처럼 그림을 그리는 사람이에요. 하지만 광고나 영상 등에 필요한 그림을 그리는 사람입니다. 그림을 필요로 하는 개인과 기업으로부터 부탁을 받고 그 주제에 맞는 그림을 그려야 합니다. 내가 그린 그림이 TV나 책, 잡지에 나온다고 상상해 보세요. 정말 멋지지 않나요? 일러스트레이터는 단순히 그림만 잘 그린다고 할 수 있는 일이 아닙니다. 고객이 무엇을 원하는지를 잘 파악하고 그에 맞는 그림을 그릴 수 있어야 해요. 보통 일러스트레이터의 그림은 그림 하나로 완성되는 것이 아니라 다양한 콘텐츠와 함께 어우러져야 합니다. 그렇기 때문에 그림에 다양한 정보를 함께 담아낼 수 있어야 해요.

어떤 능력과 기술이 필요할까요?

고객이 원하는 게 무엇이든 그려 낼 수 있는 뛰어난 그림 실력이 꼭 필요합니다. 사람들을 깜짝 놀라게 할 만한 창의성도 중요하지요. 요즘에는 대부분의 일러스트레이션 작업이 디지털로 이뤄지고 있기 때문에 디지털 드로잉에 필요한 도구와 포토샵을 비롯한 그래픽 프로그램을 잘 다룰 수 있어야 합니다. 하지만 뛰어난 그림 실력과 창의력만큼이나 고객과의 소통 능력도 필요합니다. 많은 사람들이 보고 좋아할 수 있는 그림을 그려야 하므로 유행에 민감해야 해요.

관련 전공, 추천 학과

시각디자인과, 광고디자인과, 컴퓨터디자인학과 등

무엇을 준비하면 좋을까요?

좋은 그림을 그릴 수 있도록 꾸준히 연습하는 것이 중요합니다. 디지털 작업이 높은 비중을 차지하기 때문에 태블릿 PC와 타블렛 같은 도구, 이미지 편집 프로그램을 능숙하게 사용할 줄 알아야 합니다. 또한 요즘 인기 있는 일러스트가 어떤 것이 있는지 알아보며 꾸준히 유행을 따라잡아야 해요. 많은 학원과 교육 기관에서 일러스트레이션 강의를 들을 수 있습니다. 유명한 일러스트레이터가 직접 강의를 하는 경우도 많으니, 좋아하는 일러스트레이터의 강의가 열린다면 참여해 보는 것도 좋은 기회가 될 것입니다.

이 직업이 제게 어울릴까요? 체크 리스트

- ☐ 그림을 잘 그리는 편이고, 친구들을 위해 그림을 그려 주는 것이 즐겁다.
- ☐ 문장이나 단어를 보면 그것을 표현할 수 있는 이미지를 먼저 생각한다.
- ☐ 책을 사면 그 안에 있는 그림을 먼저 확인한다.
- ☐ 그림을 잘 그린다는 이야기를 많이 듣는다.
- ☐ 종종 멋진 그림이 있으면 따라 그린다.
- ☐ 그림 그리기는 내게 있어서 세상과 대화하는 방법 중 하나이다.
- ☐ 많은 사람들이 좋아하는 그림을 그리고 싶다.

사진작가

다양한 사진 기법을 이용해 사진을 찍는 예술가입니다. 사진작가는 어떤 사진을 찍느냐에 따라 다양하게 나뉩니다. 가장 가까운 곳에는 사진관에서 증명사진이나 가족사진을 찍어 주는 사진작가가 있어요. 그 밖에 우리가 화보와 광고에서 자주 보는 유명인의 사진을 찍는 사진작가, 신문과 잡지에서 볼 수 있는 사진을 찍는 사진 기자, 또 미술관과 갤러리, 사진전에 전시할 만한 예술 사진을 찍는 사진작가까지 사진과 관련된 일을 하는 모든 사람들을 우리는 사진작가라고 부를 수 있습니다.

어떤 능력과 기술이 필요할까요?

사진을 잘 찍는다는 것은 단순히 보기 좋고 예쁜 사진을 찍는 것을 의미하는 것이 아닙니다. 분야와 촬영 대상에 따라 구도와 촬영 방법이 바뀌기 때문에, 찍는 대상을 주의 깊게 연구해야 합니다. 또, 카메라를 잘 다룰 줄도 알아야 해요. 많은 사진작가들은 여러 대의 카메라와 렌즈를 가지고 있습니다. 촬영 현장과 대상의 특징에 맞는 카메라와 렌즈를 선택하고, 카메라의 각도와 조명을 섬세하게 다뤄야 합니다. 또한 사진작가는 최상의 이미지를 만들기 위해 다양한 사진 편집 프로그램을 능숙하게 다룰 수 있어야 합니다.

관련 전공, 추천 학과

사진영상학과, 영화영상학과, 광고홍보학과, 시각예술 관련 전공 등

무엇을 준비하면 좋을까요?

사진작가로 활동하기 위해서 꼭 사진을 전공해야 하는 것은 아닙니다. 하지만 사진작가의 꿈을 가지고 있는 친구들이라면 사진 관련 전공을 선택하여 전문적으로 공부해 보는 것도 좋겠습니다. 또한 기본적인 사진에 대한 이해를 돕는 다양한 문화 강좌나 학원들이 있으니 관심이 있는 친구들이라면 한 번쯤 수업을 들어 보는 것도 큰 도움이 될 거예요. 사진작가로서 일을 시작하기 위해서는 포트폴리오*가 가장 중요합니다. 내가 좋아하는 대상을 찍으며, 사람들의 관심을 끌 만한 사진을 찍는 것은 사진작가가 되기 위한 좋은 출발점이 될 수 있습니다.

이 직업이 제게 어울릴까요? 체크 리스트

- ☐ 나는 관찰력이 좋은 편이다.
- ☐ 평소에 감각이 좋다는 이야기를 많이 듣는다.
- ☐ 친구와 가족들이 사진을 찍을 일이 있을 때 나를 찾는다.
- ☐ 오로지 멋진 사진을 찍기 위해서 여행을 간다.
- ☐ 이미지 편집 프로그램을 이용하여 새로운 이미지를 만드는 것을 좋아한다.
- ☐ 내가 찍은 사진에 사람들이 관심을 보이면 기분이 좋다.
- ☐ 나는 하나의 물체나 풍경을 다양한 각도로 여러 번 찍어 본다.

*포트폴리오 : 작가의 작품이나 성과와 같이 경력을 정리한 자료집.

패션 디자이너

패션 디자이너는 우리가 입고, 신고, 들고 다니는 모든 것을 디자인해요. 옷의 용도와 고객의 나이에 따라서 전문 분야가 다양합니다. 패션 디자이너는 시장 조사*를 통해 고객들의 반응을 살피고, 각 계절에 맞는 패션 아이템을 디자인합니다. 단순히 아름다운 디자인뿐만 아니라 좋은 품질로 생산되는지도 확인해야 해요. 때때로 자신의 작품을 선보이는 패션쇼를 기획하기도 합니다.

어떤 능력과 기술이 필요할까요?

패션 디자이너는 디자인 능력과 동시에 자신의 디자인을 실제로 제작할 수 있는 능력도 필요해요. 그래서 재봉틀을 다루고, 바느질과 재단*, 염색 등의 기술이 필요합니다. 또한 패션업계는 빠르게 변화하는 분야인 만큼, 전 세계의 유행을 예민하게 파악하고 조사하는 능력도 매우 중요하기 때문에 영어를 비롯한 외국어를 할 줄 아는 것이 큰 도움이 됩니다.

*시장 조사 : 어떤 제품이나 서비스를 사람들이 얼마나 원하는지 알아보기 위해 조사하는 것.

*재단 : 옷감을 치수에 맞도록 재거나 자르는 일.

관련 전공, 추천 학과

패션디자인학과, 의류직물학과, 의류학과, 의상디자인학과, 섬유예술학과, 섬유공학과 등

무엇을 준비하면 좋을까요?

패션 디자이너가 되기 위해서는 많은 기술을 배워야 하기 때문에 관련 전공에 진학하는 것이 좋습니다. 혹은 옷을 만들어 보는 공방을 다니며 옷 만드는 기술을 배우는 것도 많은 도움이 될 수 있어요. 패션 디자이너는 패션에 대해 누구보다 큰 열정과 관심을 가지고 있어야 합니다. 해마다 유행을 파악해 보는 것이 패션 디자이너로 성장하는 데 큰 도움이 될 거예요. 관련 자격증으로는 패션디자인산업기사, 양장기능사, 한복산업기사, 기능사 등이 있습니다. 또한 컬러리스트 산업기사 자격증 또한 패션 디자이너에게 큰 도움이 될 수 있어요.

이 직업이 제게 어울릴까요? 체크 리스트

- ☐ 특이한 옷을 보면 어떻게 만들어졌는지 궁금해한다.
- ☐ 쇼핑을 좋아하고, 브랜드별 특성을 파악하고 있다.
- ☐ 바느질이나 재봉틀을 다루는 일에 관심이 많다.
- ☐ 색깔에 예민하고 다양한 색깔을 잘 구분한다.
- ☐ 친구들이 옷을 고를 때 나에게 조언을 구한다.
- ☐ 유행에 민감하고 빠르게 알아차린다.

메이크업 아티스트

사람들에게 개성과 아름다움을 주는 직업입니다. 메이크업 아티스트는 손님의 외모와 분위기에 따라 알맞은 화장을 해서 장점은 극대화시키고 단점을 가려 줘야 합니다. 메이크업 아티스트는 결혼식 같은 행사나 화보 촬영 등 특별한 일이 있을 때 꼭 필요한 직업입니다. 또한 영화나 드라마 속 배우들이 역할에 맞게 분장을 하는 것도 메이크업 아티스트의 일입니다. 배우의 메이크업이 아무리 예쁘더라도 맡은 역할과 어울리지 않는다면 안 되겠죠? 그렇기 때문에 메이크업 아티스트는 단순히 아름다움만을 추구하는 것이 아니라 다양한 요소를 고려할 줄도 알아야 합니다.

어떤 능력과 기술이 필요할까요?

고객의 얼굴을 보고 빠른 시간 안에 장점과 단점을 파악하는 것이 먼저이기 때문에 뛰어난 미적 감각과 눈썰미가 필수적입니다. 섬세한 작업이 많기 때문에 손재주가 있어야 합니다. 또한 고객을 직접 상대하고 접촉하는 일이기 때문에 고객을 편안하게 해 줄 수 있는 의사소통 능력과 서비스 정신을 갖추어야 해요.

관련 전공, 추천 학과

메이크업아티스트과, 미용과, 코디네이션과 등

무엇을 준비하면 좋을까요?

많은 메이크업 아티스트들은 자신의 얼굴을 직접 꾸며 보면서 메이크업에 관심을 가지기 시작했다고 합니다. 먼저 가장 가까이에 있는 나 자신과 주변 친구들의 메이크업을 해 주면서 적성을 알아보는 것이 큰 도움이 될 거예요. 유명한 메이크업 아티스트들의 영상도 쉽게 찾아볼 수 있으니, 따라서 연습해 보는 것도 좋아요. 메이크업을 배우기 위해서 꼭 관련 전공을 해야 할 필요는 없지만, 관련 교육 기관이나 학교에서 체계적인 교육을 받을 수 있어요. 메이크업 아티스트에게 제일 중요한 것은 포트폴리오예요. 뛰어난 실력만큼 그것을 알아봐 주는 사람들이 있어야 한다는 것을 잊지 말고 꾸준히 다양한 활동을 접하는 것이 중요해요.

이 직업이 제게 어울릴까요? 체크 리스트

- ☐ 나는 내 얼굴의 장점과 단점을 잘 파악하고 있다.
- ☐ 새로운 화장품이 나오면 누구보다 먼저 사용해 본다.
- ☐ 손재주가 좋다는 말을 자주 듣는다.
- ☐ 처음 보는 사람과도 자연스럽고 편안하게 대화한다.
- ☐ 주변 친구들에게 화장을 해 주는 것을 즐거워한다.
- ☐ 눈썰미가 좋은 편이고 작은 변화에도 민감하다.
- ☐ 트렌드에 민감하고 유행을 잘 따라간다.

푸드 스타일리스트

식품, 요리에 대한 이해와 지식 그리고 미적 감각을 활용하여 음식을 멋지게 만드는 일을 해요. 푸드 스타일리스트는 영화, 광고, 드라마 등에 음식이 나오는 장면을 연출하고, 레스토랑이나 식품 회사의 메뉴 개발에 참여하기도 합니다. 또한 요리 책이나 잡지에서 음식 사진이 필요할 때에, 음식이 돋보일 수 있도록 식기와 소품을 활용하여 테이블도 멋지게 연출할 수 있어야 합니다. 레스토랑에 컨설팅*을 하는 것도 푸드 스타일리스트의 일이에요. 이를 위해서 소비자 반응과 시장을 조사하는 것 또한 매우 중요합니다.

어떤 능력과 기술이 필요할까요?

푸드 스타일리스트가 보기에도 좋고 맛도 좋은 음식을 연출하기 위해서는 요리에 대해 높은 지식과 이해도를 가지고 있어야 해요. 단순히 음식을 예쁘게 꾸미기만 하는 것이 아니라 직접 요리를 할 수 있어야 합니다. 또한 테이블을 아름답게 꾸미는 일에는 다양한 능력이 요구됩니다. 가장 잘 어울리는 식기와 소품으로 연출할 수 있는 감각이 필요해요.

*컨설팅 : 전문가가 고객을 상담하고 조언하며 도와주는 것.

관련 전공, 추천 학과

외식조리과, 호텔조리과, 식품영양학과, 푸드스타일링 전공 등

무엇을 준비하면 좋을까요?

푸드 스타일리스트는 요리를 잘할 수 있어야 합니다. 그렇기 때문에 제과, 제빵 기능사와 조리사 자격증을 갖추면 푸드 스타일리스트가 되는 것에 큰 도움이 될 수 있어요. 또 우리가 직접 먹는 음식을 다루는 일인 만큼 맛과 모양새뿐 아니라 영양 성분도 중요하기 때문에 식품 영양학을 공부하면 좋습니다. 푸드 스타일리스트는 특정 전공을 해야만 될 수 있는 것은 아니지만, 관련 전공으로 진학한다면 푸드스타일링과 산업 전반에 대한 이해도를 높일 수 있습니다. 또 테이블 연출에 꽃이 큰 역할을 하기 때문에 화훼장식산업기사 등의 자격증도 큰 도움이 될 수 있어요. 요즘 인기 있는 식재료나 음식들을 관심 있게 지켜보고 창의성을 발휘해 멋진 레시피를 만들어 보는 것도 푸드 스타일리스트가 되는 지름길입니다.

이 직업이 제게 어울릴까요? 체크 리스트

- ☐ 주변 사람들에게 직접 만든 음식을 대접하는 것을 좋아한다.
- ☐ 외식을 할 때 음식이 어떻게 만들어졌는지 궁금해한다.
- ☐ 요리를 한 후 어떤 접시에 담을지 고민한다.
- ☐ 어떤 종류건 요리하는 것을 좋아한다.
- ☐ 나는 나만의 레시피를 가지고 있다.
- ☐ 꼼꼼하고 깔끔한 성격이다.
- ☐ 처음 보는 식재료가 있으면 꼭 사 본다.

교사는 학교에서 학생들에게 공부를 가르치고 생활 습관을 길러주며 아이들의 성장을 돕는 일을 해요. 각 교과목의 학습 계획안을 작성하고 수업에 필요한 자료를 준비합니다. 학생들은 수업을 통해 교과 지식은 물론 다른 사람과 더불어 사는 방법을 배웁니다. 또한, 학생의 학교생활을 잘 관찰하고 학부모와 상담하며 학생이 즐겁게 학교생활을 하도록 도와요. 교사는 기본적으로 다른 사람의 성장을 돕고 가르치는 것에 흥미가 있어야 해요. 또한 교육자로서 맡은 일에 대한 책임감이 강해야 합니다.

어떤 능력과 기술이 필요할까요?

교사는 다른 사람을 가르치는 직업이기 때문에 이해하기 쉬운 방법으로 정보를 전달하는 것이 중요합니다. 또한 교사는 학생들의 다양한 고민을 들어 주고, 학생에게 필요한 지도를 할 수 있어야 해요. 필요한 경우, 학부모와의 상담도 진행해야 하기 때문에 상대방의 이야기를 잘 듣고 원만한 관계를 유지할 수 있는 의사소통 능력이 필요합니다.

관련 전공, 추천 학과

초등교육과, 교육학과, 국어/영어/수학 등 다양한 과목의 교육학과 등

무엇을 준비하면 좋을까요?

교사는 가르치는 대상에 따라 유치원 교사, 초등 교사, 중등 교사로 나누어집니다. 각각 알맞은 대학이 있고, 대학에서 전공하는 과목에 따라 얻을 수 있는 교사 자격증의 종류가 정해집니다. 유치원 교사나 중등 교사가 되기 위해서는 대학교의 사범계열 학과를 졸업하거나 교직* 수업을 들으며 자격을 얻어야 합니다. 초등 교사가 되려면, 교육대학교나 대학교의 초등교육과에 입학해야 합니다. 교육대학교나 사범계열 학과에서는 교육의 의미와 가르치는 방법 등을 공부하고, 친구들과 함께 수업 연습을 합니다. 충분한 연습 후에는 학생들이 있는 학교에 가서 실습을 하기도 해요. 친구들과 함께 수업을 연습해 보면서 교사라는 직업에 흥미가 있는지 알아보는 건 어떨까요?

이 직업이 제게 어울릴까요? 체크 리스트

- ☐ 듣는 사람이 이해하기 쉬운 방식으로 지식을 전달할 수 있다.
- ☐ 숙제 제출 기한, 시험 준비 등을 효과적으로 관리할 수 있다.
- ☐ 다른 사람의 의견을 적극적으로 들어주는 편이다.
- ☐ 창의적인 방법으로 학습 문제를 해결할 수 있다.
- ☐ 조별 활동 시 친구들의 참여를 유도하는 편이다.

*교직 : 학생을 가르치는 직업.

교수

교수는 대학에서 강의를 하며 학생들을 가르치고, 자신이 전공하는 학문을 연구합니다. 전공 분야에 따라 강의, 실험, 실습 등 다양한 방법을 이용하여 학생들을 지도해요. 교수는 전공 분야에 대해 연구하고, 연구 결과를 바탕으로 논문*을 작성하여 학술 대회*에 참석해 발표하기도 합니다. 학생을 상담하고, 학생의 연구를 지도하기도 해요. 다른 사람의 학습과 연구를 돕는 일이기 때문에, 자신의 생각을 말과 글로 잘 표현할 수 있고 누군가의 성장을 돕는 것에 보람을 느끼는 친구들에게 잘 어울리는 직업이에요.

***논문** : 어떤 주제에 대해 연구하거나 조사한 내용을 정리한 글.
***학술 대회**: 사람들이 모여서 연구 결과를 발표하며 지식을 나누는 자리.

어떤 능력과 기술이 필요할까요?

교수는 무엇보다 자신의 분야에 대한 전문 지식이 필요합니다. 학술지를 통해 연구 결과를 발표하고, 관련 학술 대회에 활발히 참여해야 하죠. 또한 학생들에게 전문 지식을 쉽게 전달할 수 있어야 합니다. 교수는 자신의 전공 분야에 대한 지속적인 연구와 개발을 해야 하기 때문에 깊게 탐구하는 과정을 즐기고 새로운 것에 대한 호기심이 많아야 합니다.

관련 전공, 추천 학과

다양한 전공 학과가 있어요.

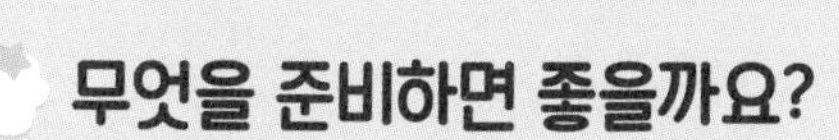

무엇을 준비하면 좋을까요?

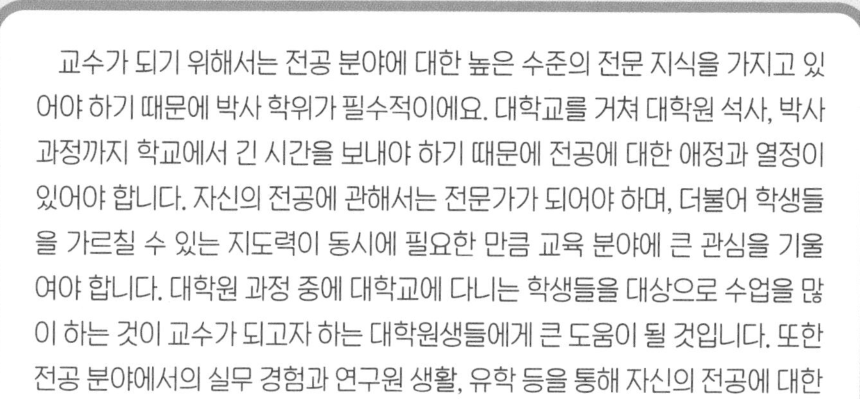

교수가 되기 위해서는 전공 분야에 대한 높은 수준의 전문 지식을 가지고 있어야 하기 때문에 박사 학위가 필수적이에요. 대학교를 거쳐 대학원 석사, 박사 과정까지 학교에서 긴 시간을 보내야 하기 때문에 전공에 대한 애정과 열정이 있어야 합니다. 자신의 전공에 관해서는 전문가가 되어야 하며, 더불어 학생들을 가르칠 수 있는 지도력이 동시에 필요한 만큼 교육 분야에 큰 관심을 기울여야 합니다. 대학원 과정 중에 대학교에 다니는 학생들을 대상으로 수업을 많이 하는 것이 교수가 되고자 하는 대학원생들에게 큰 도움이 될 것입니다. 또한 전공 분야에서의 실무 경험과 연구원 생활, 유학 등을 통해 자신의 전공에 대한 연구 경력을 쌓아 두는 것 역시 매우 중요합니다.

이 직업이 제게 어울릴까요? 체크 리스트

- ☐ 깊이 있는 연구와 지식 탐구에 대한 열정이 있다.
- ☐ 복잡한 문제를 논리적으로 분석하는 것을 즐긴다.
- ☐ 친구들에게 내가 알고 있는 내용을 전달하는 것을 좋아한다.
- ☐ 내 생각을 명확하게 말하고 글로 표현할 수 있다.
- ☐ 발표나 토론에서 자신감을 가지고 소통한다.
- ☐ 스스로 동기를 부여하고 적극적으로 일을 이끌어 간다.
- ☐ 남들이 모르는 사실을 스스로의 힘으로 알아낼 수 있다.
- ☐ 장기적인 목표를 향해 인내심을 가지고 임한다.

사서

사서는 도서관에서 이용자가 원하는 자료를 편리하게 볼 수 있도록 관리하는 일을 해요. 책을 정리하고 빌려주는 것 외에도 필요한 자료를 찾는 것을 돕고, 도서관 행사를 기획하는 등 다양한 업무를 수행합니다. 많은 사람이 도서관을 이용하는 만큼 다른 사람과 편안하게 소통할 수 있는 친구들에게 잘 어울리는 일입니다. 또한 이용자가 희망하는 자료를 구입하고, 자료를 내용과 주제에 따라 분류합니다. 수많은 자료를 정리하고 관리하기 위해 꼼꼼하게 일을 처리하는 자세가 필요합니다.

어떤 능력과 기술이 필요할까요?

사서는 정확한 정보 관리와 도서 분류를 위한 전문 지식을 갖추어야 합니다. 많은 양의 자료를 관리하기 위해 디지털 자원을 관리하는 능력이 중요해요. 도서관에는 남녀노소를 가리지 않고 매우 다양한 이용자들이 모이기 때문에, 이들과 편안하게 소통할 수 있는 쾌활하고 밝은 성격도 필요합니다.

관련 전공, 추천 학과

문헌정보 관련 학과, 고고학 등

무엇을 준비하면 좋을까요?

사서가 되려면 전문대학, 대학교 또는 사서교육원 등에서 관련 교육을 듣고 사서 자격증을 취득해야 합니다. 전문 대학의 문헌정보 관련 학과를 졸업하면 준사서 자격을, 4년제 대학교의 문헌정보 관련 학과를 졸업하면 2급 정사서 자격을 취득할 수 있습니다. 사서는 주로 국공립 도서관이나 전문 도서관, 대학이나 학교 도서관에서 일을 합니다. 지역의 도서관에 방문해서 사서가 근무하는 모습을 직접 관찰해 보며 사서의 업무에 대해 알아보는 기회를 갖는 것도 좋겠네요.

이 직업이 제게 어울릴까요? 체크 리스트

- ☐ 책 읽는 것을 즐기고, 새로운 정보를 찾는 것을 좋아한다.
- ☐ 사소한 부분도 주의 깊게 살피는 편이다.
- ☐ 다른 사람들과 즐거운 관계를 유지하며 협조적인 편이다.
- ☐ 정해진 기준이나 법칙에 따라 정리정돈하는 것을 좋아한다.
- ☐ 조용한 환경을 좋아하고 평소에 차분한 성격이다.
- ☐ 새로운 지식을 배우고 계속해서 발전하는 것을 중요하게 생각한다.

관심이 가는 직업이나 일이 있나요?
생각나는 대로 자유롭게 적어 보세요.

2 스포츠·미디어

운동선수

다양한 종목의 운동 경기에서 선수로 활약해요. 운동선수는 누구나 될 수 있지만, 선수를 직업으로 하는 사람들을 프로 운동선수라고 부르고 그 외에는 아마추어 운동선수라고 불러요. 운동선수는 자기 종목의 규칙을 익히고 종목에 맞는 훈련을 해 경기에 임합니다. 운동선수들은 좋은 성적과 기록을 내기 위해서 체력과 기술을 단련해야 합니다.

어떤 능력과 기술이 필요할까요?

운동선수들에게 가장 중요한 것은 신체 능력입니다. 자신의 종목에서 뛰어난 성과를 거두기 위해서는 종목에 맞는 끊임없는 훈련과 체력 단련이 필수적이에요. 특히 팀 경기에 임하는 운동선수는 자신의 능력만큼이나 팀워크가 중요하기 때문에 동료 선수들과 서로 도우며 지내는 것이 중요합니다.

관련 전공, 추천 학과

체육학과, 사회체육학과, 무도학과, 체육교육학과 등

무엇을 준비하면 좋을까요?

운동선수가 되기 위해서는 먼저 건강한 신체를 가져야 합니다. 자신의 종목에 맞는 훈련뿐만 아니라 기초 체력도 꾸준히 키워 나가야 해요. 운동선수가 되고 싶은 친구들은 건강한 생활 습관과 운동을 통해 건강한 몸을 유지하는 것이 좋아요. 종목에 맞는 체형을 갖출 수 있도록 꾸준히 관리하고, 운동을 할 때에는 다치지 않도록 부상을 주의하는 것도 중요하지요. 프로 운동선수가 되는 것은 수많은 경쟁을 거쳐야 하는 어려운 길입니다. 운동선수에게 기록과 경기 결과는 가장 중요한 것이지만, 지나간 승부에는 연연하지 않는 강한 정신력도 필요해요. 한 번의 실패로 좌절하지 않고 더욱 발전해 나간다면 훌륭한 운동선수가 될 수 있을 거예요.

이 직업이 제게 어울릴까요? 체크 리스트

- ☐ 학교에서 대표로 뽑히는 운동 종목이 있다.
- ☐ 나는 운동하는 것이 제일 즐겁고 보람차다.
- ☐ 인내심이 많고 꾸준히 노력한다.
- ☐ 선생님들의 가르침과 지시를 잘 따른다.
- ☐ 늘 체육 시간이 기다려진다.
- ☐ 나는 게임이나 운동 시합에서 이기기 위해 최선을 다한다.
- ☐ 건강하고 체력이 좋은 편이다.
- ☐ 힘든 일이 있어도 포기하지 않고 끝까지 목표를 이뤄 낸다.

트레이너는 고객의 건강 상태와 운동 능력을 파악하여 알맞은 운동법을 가르치는 사람이에요. 고객의 생활 습관과 나이, 성별에 따라 적절한 운동을 지도합니다. 운동선수를 관리하는 트레이너는 감독, 코치와 함께 선수에게 필요한 훈련 프로그램과 식단을 알려 줍니다. 트레이너는 부상을 예방하기 위해 마사지를 해 주기도 하고, 의사의 진단에 따라 재활 훈련*을 계획하기도 해요.

어떤 능력과 기술이 필요할까요?

트레이너는 운동을 지도하는 사람으로서 시범을 보여야 하기 때문에 뛰어난 신체 운동 능력이 필요합니다. 효과적인 훈련을 위해 인체에 대한 깊이 있는 지식이 필요해요. 또한 다양한 사람을 상대하는 일이므로 사교성* 있는 성격도 중요한 능력 중의 하나입니다.

***재활 훈련** : 사고나 질환으로 일상생활이 어려운 사람들이 회복하기 위해 하는 훈련.

***사교성** : 남과 사귀기를 좋아하거나 쉽게 사귀는 성질.

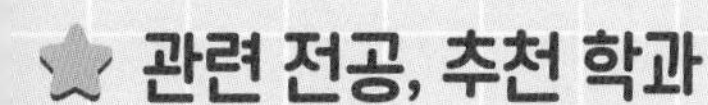

관련 전공, 추천 학과

사회체육학과, 물리치료학과, 체육학과 등

무엇을 준비하면 좋을까요?

트레이너가 되기 위해서는 먼저 본인이 운동을 경험해 보는 것이 좋습니다. 다양한 운동 종목에 대해 이해하고 기초 체력 훈련을 꾸준히 해야 해요. 그 뿐만 아니라 사람의 몸, 즉 뼈와 근육이 움직이는 원리에 대해서 공부해 둔다면 많은 도움이 될 것입니다. 트레이너가 되기 위해서 꼭 관련 전공을 해야 하는 것은 아니지만, 전공자에게 많은 장점이 있을 수 있으므로 관련 교육 기관이나 전공으로 진학하는 것이 좋습니다. 트레이너가 되기 위해 준비해 두면 좋은 자격증으로는 스포츠지도사, 건강운동관리사 등이 있습니다.

이 직업이 제게 어울릴까요? 체크 리스트

- ☐ 사람들에게 내가 아는 것을 가르쳐 주는 것이 즐겁다.
- ☐ 혼자서 하는 일보다는 함께 하는 일을 더 좋아한다.
- ☐ 친구들과 사이가 좋고, 재미있다는 소리를 자주 듣는다.
- ☐ 운동을 좋아한다.
- ☐ 나에게 잘 맞는 운동 방법을 잘 알고 있다.
- ☐ 사람의 몸이 어떻게 움직이는지 궁금해한다.
- ☐ 이해심과 배려심이 많다.

심판

심판은 각종 운동 경기에서 규칙을 적용하고 판단하여 경기를 진행하는 일을 합니다. 경기의 시작과 종료를 알리고, 경기 도중 선수의 상태에 따라 경기를 중단하거나 종료하기도 합니다. 또, 선수들의 움직임을 관찰하여 선수가 규칙을 위반했을 때에는 수신호, 깃발, 카드 등으로 벌칙이나 벌점을 적용합니다. 규칙에 없는 예외적인 상황이 발생한 경우에는 심판이 직접 판단하여 경기를 지시하기도 해요.

어떤 능력과 기술이 필요할까요?

심판이 되기 위해서는 해당 운동 경기의 규칙을 완벽하게 이해하고 있어야 합니다. 따라서 심판들 중에서는 해당 종목의 운동선수로 활약했던 경우도 많습니다. 심판은 무엇보다도 공정하게 경기를 진행해야 합니다. 그 때문에 뛰어난 관찰력과 합리적인 의사 결정을 할 수 있어야 해요. 몇몇 종목들의 심판은 경기장에서 선수들과 함께 뛰면서 경기를 지켜봐야 합니다. 이를 위해 뛰어난 체력과 운동 능력도 꼭 필요해요.

관련 전공, 추천 학과

사회체육학과, 사회체육과, 체육학과 등

무엇을 준비하면 좋을까요?

심판이 되기 위해서는 해당 종목의 협회와 연맹이 인정하는 자격증을 취득해야 합니다. 또한 일정 기간 아마추어 운동 경기의 심판을 보면서 감독관의 평가를 받고 협회의 추천을 받아야 비로소 심판이 될 수 있습니다. 심판이 되기 위해서 꼭 선수 출신일 필요는 없지만 선수 출신일 경우에 경기를 좀 더 잘 이해하고 선수들의 움직임을 잘 파악할 수 있기 때문에 더 유리한 부분이 있습니다. 그러므로 관심 있는 종목의 규칙을 공부해 두는 것이 좋습니다. 심판의 결정이 필요한 상황은 정말 다양해서, 평소에도 다양한 경기를 보며 심판의 역할을 지켜보는 것이 많은 도움이 될 것입니다.

이 직업이 제게 어울릴까요? 체크 리스트

- ☐ 불공평한 상황을 잘 참지 못하고 최대한 공정하게 판단하려고 한다.
- ☐ 이성적인 판단을 잘 할 수 있고 집중력이 좋다.
- ☐ 운동을 잘하고 정말 좋아하는 운동 종목이 있다.
- ☐ 학교에서 운동 경기를 하면 친구들이 내게 규칙을 묻는다.
- ☐ 리더십이 있고 설득력 있게 말할 수 있다.
- ☐ 관찰력이 뛰어나서 남들이 보지 못하는 것들을 알아차린다.
- ☐ 다양한 운동 경기의 규칙을 잘 알고 있다.

스포츠 에이전트

운동선수가 운동에 집중할 수 있도록 돕는 일을 합니다. 선수를 대신해 계약 조건을 살피고 연봉을 협상합니다. 또한 시합에 대한 정보를 수집하여 훈련을 계획하기도 해요. 광고 계약과 인터뷰를 비롯해 선수의 팬들을 관리하는 것도 스포츠 에이전트의 업무 중 하나입니다. 또 선수가 광고를 찍을 때 선수와 광고 회사 사이에서 조율하는 역할을 하기도 하지요.

어떤 능력과 기술이 필요할까요?

스포츠 에이전트는 운동선수와 스포츠 팀, 관련 회사들과 함께 해야 하는 일입니다. 따라서 원만한 의사소통 능력과 협상 능력이 매우 중요합니다. 또한 소속 선수의 인기 관리와 홍보 역시 스포츠 에이전트의 업무이기 때문에 사람들의 관심사도 이해하고 있어야 해요. 이를 위해서는 뛰어난 기획력과 분석력이 필요합니다. 해외의 다른 에이전트나 팀이 선수와 협업하는 경우도 많기 때문에 외국어 능력을 갖출 필요도 있답니다.

관련 전공, 추천 학과

체육학과, 사회체육학과, 스포츠건강관리학과, 스포츠마케팅학과, 경영학과, 법학과 등

무엇을 준비하면 좋을까요?

스포츠 에이전트가 되기 위해서는 운동선수에 대한 애정이 있어야 하며, 관련 경험이 풍부해야 합니다. 스포츠 에이전트는 선수들의 각종 계약 업무를 대신하기 때문에 미국의 경우에는 변호사 출신인 스포츠 에이전트도 많아요. 그만큼 계약과 관련된 법 지식이 필요하기 때문에, 법과 관련된 공부를 해 두는 것도 좋습니다. 또한 체육 관련 전공을 하는 것도 선수들을 이해하는 데 많은 도움이 됩니다. 스포츠 에이전트가 되기 위해 전공과 자격증이 중요하진 않지만, 좀 더 전문적인 경력과 지식을 쌓기 위해서는 관련 전공을 해 두는 것이 유리합니다. 단, 축구의 경우, 국제축구연맹에서 실시하는 시험에 합격해야 하기 때문에 축구 스포츠 에이전트를 꿈꾸는 친구들은 시험을 미리 대비하는 것이 좋아요.

이 직업이 제게 어울릴까요? 체크 리스트

- ☐ 남을 돕는 것을 좋아하고, 보조하는 역할을 잘 수행한다.
- ☐ 연예인보다 운동선수를 더 좋아하고 관심을 기울인다.
- ☐ 좋아하는 운동선수들을 위해 일하고 싶다.
- ☐ 운동선수들의 능력을 직접 분석해 본 적이 있다.
- ☐ 친구 관계가 좋고 아는 친구들이 많은 편이다.
- ☐ 꼼꼼하고 섬세하며 정리를 잘한다.
- ☐ 항상 미래의 일을 생각하고, 계획적이다.

프로게이머

e-스포츠 게임 대회에 참가하고 많은 사람들 앞에서 게임을 하는 직업이에요. 프로게이머는 프로 운동선수와 비슷합니다. 대부분의 프로게이머는 소속팀을 가지고 있습니다. 몇몇 회사들은 프로 게임단을 운영하고 있어요. 프로게이머는 같은 팀에 소속되어 있는 다른 게이머들과 함께 다양한 전략을 짜고 기술을 익힙니다. 또한 직접 개인 방송 시스템을 활용하여 게임을 플레이하고 이를 전 세계에 있는 시청자들에게 공개하기도 합니다. 또한 새로운 게임이 출시되면 게임 회사들과 계약하여 먼저 해 보기도 합니다.

어떤 능력과 기술이 필요할까요?

프로게이머가 되기 위해서는 꾸준한 연습과 노력이 필요합니다. 게임 캐릭터들의 능력치를 분석하고, 빠르게 반응하기 위한 순발력을 키워야 합니다. 또한 프로게이머는 게임에서 빠르게 승리하기 위해 효과적인 게임 전략을 꾸준히 연구해야 해요. 논리력과 추리력을 갖추는 것이 필요합니다.

관련 전공, 추천 학과

게임 콘텐츠과, 게임공학과 등

무엇을 준비하면 좋을까요?

프로게이머가 되기 위해서는 먼저 e-스포츠 협회에서 주관하는 준프로선발전에 참여하여야 합니다. 토너먼트* 형식으로 치러지는 선발전에서 4위 안에 들면 준프로게이머의 자격을 얻게 되고 동시에 프로게임단의 선수 선발에 참여할 수 있게 됩니다. 프로게임단의 선택을 받아 연습생으로 입단한 후 교육 과정을 거치면 비로소 프로게이머가 될 수 있습니다. 프로게임단에 입단하지 못하는 경우에는 공인 대회에서 한 번 더 입상해야 프로게이머로 인정받을 수 있습니다. 프로게이머가 되기 위해서는 자격증이나 학력이 요구되지 않습니다. 하지만 프로게이머는 손꼽히는 실력을 가져야 하기 때문에, 학원을 다니거나, 전문 교육기관에서 컴퓨터 게임 관련 전공으로 진학해서 실력을 쌓는 경우도 많습니다.

이 직업이 제게 어울릴까요? 체크 리스트

- ☐ 처음 하는 게임도 막힘없이 잘 할 수 있다.
- ☐ 손이 매우 빠르고 반응이 민감하다.
- ☐ 임기응변을 잘한다는 말을 자주 듣는다.
- ☐ 공간 지각 능력이 우수한 편이다.
- ☐ 게임을 아주 잘해서 친구들이 항상 함께 게임을 하자고 한다.
- ☐ 나는 게임하는 것이 세상에서 제일 즐겁다.
- ☐ 게임을 플레이하고 나서 결과와 과정을 스스로 분석한다.

*토너먼트 : 경기를 거듭하며 진 편은 제외하고 이긴 편끼리 겨루게 하는 경기 방식.

아나운서

아나운서는 라디오와 텔레비전 방송을 통해 각종 정보를 전달하고 프로그램을 진행하는 사람입니다. 주어진 대본을 바탕으로 상황과 역할에 따라서 정확한 정보를 시청자와 청취자에게 전달해야 해요. 아나운서는 뉴스나 교양·오락 프로그램을 진행하거나 스포츠를 중계하기도 합니다. 진행하는 프로그램에 따라 앵커, MC, 스포츠 해설자 등 다양한 이름으로 불린답니다.

어떤 능력과 기술이 필요할까요?

표준어와 바른 우리말을 할 수 있어야 합니다. 명확하게 정보를 전달하기 위해서는 정확한 발음과 풍부한 표현 능력을 비롯한 언어 능력도 필요해요. 그뿐만 아니라 생방송으로 진행되는 프로그램이 많기 때문에 상황에 따라 침착하게 대처할 수 있는 순발력이 요구됩니다. 또한 방송의 흐름을 잘 이끌어 나가기 위해 대본을 완벽하게 이해할 수 있어야 하므로 높은 문해력*을 갖춰야 합니다.

*문해력 : 글을 읽고 이해하는 능력.

관련 전공, 추천 학과

방송영상학과, 언론홍보학과, 사회학과, 국어국문학과, 언론정보학과 등

무엇을 준비하면 좋을까요?

아나운서는 대부분 공개 채용*을 통해서 방송국에 취업하게 됩니다. 방송사는 보통 해마다 한 번씩 공개 채용을 해요. 물론 아나운서를 꿈꾸는 사람들이 매우 많기 때문에 경쟁이 아주 치열합니다. 그래서 아나운서를 지망하는 학생들은 각 방송사에서 운영하는 방송 아카데미나 전문 학원을 비롯한 교육 기관에서 아나운서가 되기 위한 교육과 훈련을 받습니다. 이러한 곳에서는 아나운서에게 필수적인 능력인 표준어 발성과 호흡 등을 연습하고, 실제 방송 환경과 비슷한 스튜디오에서 직접 대본을 읽고 프로그램을 진행하는 등 다양한 실습이 이루어집니다.

이 직업이 제게 어울릴까요? 체크 리스트

- ☐ 많은 사람들 앞에서도 긴장하지 않고 의견을 말할 수 있다.
- ☐ 학교 행사에서 진행자 역할을 자주 맡는다.
- ☐ 목소리가 좋다는 말을 들어 본 적이 있다.
- ☐ 평소에 믿음직한 편이라는 말을 자주 듣는다.
- ☐ 처음 보는 사람과도 대화를 잘 이끌어 갈 수 있다.
- ☐ 암기력이 좋다.
- ☐ 재치가 있고 순발력이 좋은 편이다.
- ☐ 목소리에 힘이 있고 발음이 좋다.

*공개 채용 : 새로운 직원을 뽑기 위해 누구나 지원할 수 있도록 공개적으로 채용하는 것.

우리 주변에서 일어나는 각종 사건, 사고 소식을 알리는 일을 하는 사람입니다. 기자는 신문, 잡지, TV, 라디오 그리고 인터넷 등의 매체를 통해서 사람들에게 신속하게 정보를 전달해야 해요. 기자는 담당 업무에 따라 취재 기자, 편집 기자, 사진 기자 등으로 구분되며, 각자 취재* 분야에 따라 사회부 기자, 스포츠 기자 등으로 분류되기도 합니다. 기자는 취재를 통해 수집한 정보를 바탕으로 내용을 분석하고 정리하여 기사를 작성합니다. 기사를 작성한 뒤에는 핵심 정보를 담은 제목과 소제목을 만든 후 기사를 올립니다.

어떤 능력과 기술이 필요할까요?

기자는 사회 현상을 정확하게 이해하고 객관적으로 분석할 줄 아는 능력이 필요합니다. 또한 어느 한 쪽으로 치우치지 않고 균형 잡힌 시선으로 사건이나 현상을 볼 줄 알아야 해요. 사람들이 이해하기 쉽도록 기사를 잘 쓸 수 있어야 하기 때문에 글쓰기 능력 또한 매우 중요해요. TV와 같이 마이크를 들고 카메라 앞에서 뉴스를 전달하는 방송 기자들은 신뢰감을 줄 수 있는 태도와 말투도 함께 요구됩니다.

*취재 : 기사에 필요한 정보를 조사하여 얻음.

관련 전공, 추천 학과

신문방송학과, 언론홍보학과, 정치외교학과, 사회학과, 행정학과 등

무엇을 준비하면 좋을까요?

기자가 되기 위해서는 신문사나 방송국의 시험에 합격해야 합니다. 논술과 상식을 평가하는 시험과 더불어 주어진 주제로 기사를 작성하거나 카메라 테스트를 받는 경우도 있습니다. 또한 폭넓은 정보 수집을 위해 영어를 비롯한 외국어 능력도 요구됩니다. 기자는 다양한 소식을 전하기 때문에 전공 분야도 다양한 편이지만, 대체로 언론학이나 사회학 전공자가 많습니다. 또한 많은 언론사들은 경험을 중요하게 생각하기 때문에 기자가 되고 싶은 친구들은 학교의 신문, 방송부를 선택하여 적극적으로 활동해 보는 것이 큰 도움이 될 거예요.

이 직업이 제게 어울릴까요? 체크 리스트

- ☐ 사람들이 잘못된 정보를 알고 있으면 올바른 사실을 알려 주려고 노력한다.
- ☐ 문제가 생기면 관련된 모든 사람들의 의견을 듣고 판단한다.
- ☐ 나는 어떤 사건이 일어나면 원인을 꼭 알고 싶어 한다.
- ☐ 다양한 분야에 관심을 가지며 상식이 풍부하다.
- ☐ 글을 잘 쓰고 글 쓰는 것이 재미있다.
- ☐ 신문이나 뉴스를 매일 아침 확인한다.
- ☐ 논리적인 편이다.

크리에이터

우리도 하나쯤 가지고 있는 개인 미디어 계정이 내 직업이 된다면? 크리에이터는 SNS에 콘텐츠를 제작하여 업로드하고 구독자들과 소통하는 일을 합니다. 크리에이터는 춤, 노래, 요리, 일상, 여행, 게임, 쇼핑, 패션 등 다양한 관심사를 콘텐츠로 만들어서 활동합니다. 크리에이터들은 좋은 콘텐츠를 만들기 위해 함께 팀을 이루어서 작업하는 경우도 많아요. 또 기업이나 기관과 협업하여 광고 콘텐츠를 만들어 수익을 얻기도 합니다. 연예인과 마찬가지로 소속사가 있는 크리에이터도 많답니다.

어떤 능력과 기술이 필요할까요?

크리에이터가 되기 위해서는 사람들의 관심을 끌 수 있는 흥미로운 콘텐츠를 제작할 수 있어야 합니다. 독창적인 아이디어를 바탕으로 짧은 시간 내에 사람들의 흥미를 끌 수 있는 콘텐츠를 만들어야 하기 때문에 뛰어난 창의력이 필요해요. 또한 유행을 잘 알아야 인기 있는 콘텐츠를 만들 수 있기 때문에 뉴스나 다른 유명 크리에이터들을 분석하는 능력도 필요합니다. 물론 콘텐츠를 멋지게 만들기 위해 각종 영상, 사진, 음향 편집 기술도 갖춰야 합니다. 요즘은 많은 사람들이 협업하여 콘텐츠를 제작하기 때문에, 협동심과 팀워크도 크리에이터에게 필수적인 능력 중 하나입니다.

관련 전공, 추천 학과

디지털미디어과, 방송영상미디어과, 디지털콘텐츠학과, 멀티미디어과, 미디어영상학과 등

무엇을 준비하면 좋을까요?

크리에이터가 되기 위해서 필요한 학력이나 전공은 없습니다. 하지만 그렇다고 해서 아무나 크리에이터가 될 수 있는 것은 아니에요. 크리에이터가 되기 위해서는 많은 사람들에게 관심을 받아야 합니다. 크리에이터에게는 조회 수와 구독자 수가 곧 능력이고 실력입니다. 많은 사람들에게 인기를 끌기 위해서는 나만의 독창적인 콘텐츠를 만들 줄 알아야 합니다. 하지만 너무 겁먹지 마세요. 먼저 내가 가장 잘할 수 있고 관심 있는 것부터 시작해 보면 어떨까요? 몇만 명이 넘는 팔로워와 구독자를 가진 많은 크리에이터들도 처음에는 한 명의 구독자로부터 시작되었습니다. 여러분도 꾸준히 나만의 개성을 담은 콘텐츠를 만들어 보세요. 그러다 보면 어느 날 나도 멋진 크리에이터가 되어 있을 수도 있으니까요.

이 직업이 제게 어울릴까요? 체크 리스트

- ☐ 인터넷에서 유행하는 것들을 남들보다 빠르게 알아차리고 따라 한다.
- ☐ 남들보다 특별히 좋아하고 잘하는 것이 한 가지 이상 있다.
- ☐ SNS 활동을 활발하게 한다.
- ☐ 나는 사람들의 이목을 끄는 것을 즐긴다.
- ☐ 아이디어가 많고 창의적이다.
- ☐ 영상과 사진을 잘 찍는 편이고 편집도 할 줄 안다.
- ☐ 온라인상에서 소통하는 친구들이 많은 편이다.

배우

영화, 드라마, 연극, 뮤지컬 광고 등에 출연해 대본에 따라 연기를 펼치는 예술인입니다. 배우는 목소리와 표정, 몸짓을 이용해 다양한 캐릭터를 연기해요. 배우는 대본을 읽으며 맡은 인물의 성격을 분석하고, 감독이나 작가와 협의하여 알맞은 표정과 행동, 말투로 연기를 합니다. 연극이나 뮤지컬에서 활동하는 배우들은 무대 위에서 공연을 해야 하기 때문에 순발력과 철저한 연습이 요구됩니다. 영화, 드라마, 광고 촬영 등의 카메라 앞에 서는 배우들은 카메라 속의 내 모습이 어떻게 비칠지 생각하며 움직여야 합니다.

어떤 능력과 기술이 필요할까요?

배우는 자신이 맡은 역할을 완벽하게 이해하고 표현할 줄 알아야 합니다. 연기력은 물론 대본을 외울 수 있는 암기력도 중요하지요. 그리고 다른 배우와 감독, 작가와 소통이 필수적인 만큼 의사소통 능력과 협동심이 필요합니다. 또한 배우들은 촬영이 길어지거나 오랜 시간 불규칙적인 생활을 하게 될 수 있기 때문에 체력 관리를 소홀히 해서는 안 됩니다.

관련 전공, 추천 학과

연극영화과, 방송연예과, 영화과, 방송연기과, 연기과 등

무엇을 준비하면 좋을까요?

배우가 되기 위해서 요구되는 특별한 전공은 없습니다. 하지만 연기를 전공하여 전문적으로 배울 수 있다면 배우가 되는 것에 많은 도움이 됩니다. 전공을 하지 않더라도 연기 학원이나 관련 교육 기관에서 연기를 배울 수 있습니다. 연기 학원에서는 기획사나 영화, 드라마 관계자와 협력하여 수강생들에게 오디션 기회를 주는 경우도 많습니다. 모든 배우들이 원하는 역할을 얻을 수 있는 것이 아니기 때문에 작은 역할이라도 가리지 않고 꾸준히 오디션을 보고, 출연 기회를 얻어 내는 것이 중요합니다. 이러한 연기 경험을 쌓아 유명한 배우로 발돋움할 수 있을 거예요.

이 직업이 제게 어울릴까요? 체크 리스트

- ☐ 드라마나 영화 속 대사를 직접 따라 해 본 적이 있다.
- ☐ 다른 사람들과 함께 협력해서 일하는 것을 즐긴다.
- ☐ 감정 이입을 잘하고, 감정이 풍부하다.
- ☐ 흉내를 잘 내고, 사람들의 특징을 잘 잡아 낸다.
- ☐ 많은 관객이 있는 무대 위에서도 떨지 않는다.
- ☐ 암기력이 좋은 편이다.
- ☐ 체력이 좋고 변화에 빨리 적응할 수 있다.
- ☐ 영화를 보거나 소설책 읽는 것을 좋아한다.

영화감독

우리가 극장에서 보는 영화를 만들기 위해 배우와 제작진을 이끌어 영상을 찍고, 편집과 녹음 작업을 지휘하는 일을 합니다. 영화를 만들어 내는 모든 과정을 감독하고 지휘하는 직업이지요. 영화감독은 좋은 대본을 직접 쓰거나 찾아내고, 대본을 분석하여 영화의 방향을 결정합니다. 대본에 맞는 배역과 제작진을 결정하는 것 역시 영화감독의 역할입니다. 또한 촬영 현장을 찾고 계획하는 것도 감독의 중요한 일 중 하나입니다. 영화 속에서는 영화감독을 볼 수 없지만, 영화 속 모든 곳에는 감독의 손길이 닿아 있어요.

어떤 능력과 기술이 필요할까요?

영화감독은 영화 한 편을 만들기 위한 모든 과정을 이해하고, 제작진을 이끌어야 하기 때문에 종합적인 사고력과 판단력이 요구됩니다. 영화를 만드는 것은 무에서 유를 창조하는 것이니 풍부한 상상력과 창의력이 필요합니다. 관객들이 이해하기 쉽도록 이야기를 잘 만들어 내는 능력도 갖춰야 하고, 영화 속 멋진 장면을 만들어 내기 위한 예술적인 능력도 필요합니다.

관련 전공, 추천 학과

연극영화과, 영상이론과, 영화과 등

무엇을 준비하면 좋을까요?

영화감독 중에서는 연극영화과를 전공한 사람도 많지만, 영화감독을 위한 전문 학원에서 교육을 받거나 관련이 있는 분야에서 일하던 사람도 많습니다. 영화감독들은 짧은 단편 영화를 감독하며 경험을 쌓고 이를 통해 장편 영화감독으로 데뷔하는 경우가 많습니다. 영화감독은 현장을 지휘하고 이끄는 사람이기 때문에, 풍부한 경험이 가장 중요합니다. 먼저 영화 관련 동아리 활동부터 참여해 보는 것은 어떨까요? 차근차근 영화와 관련된 경력을 쌓고 내 작품을 만들다 보면 어느 날 장편 영화를 연출할 수 있는 꿈같은 기회가 생길지도 몰라요.

이 직업이 제게 어울릴까요? 체크 리스트

- ☐ 리더십이 있는 편이다.
- ☐ 용돈이 생기면 먼저 극장으로 향한다.
- ☐ 다양한 감독들의 영화를 보고, 감독별로 성향을 파악할 수 있다.
- ☐ 영화가 어떻게 만들어지는지 궁금해한다.
- ☐ 창의적이고 아이디어가 풍부하다.
- ☐ 글을 읽으면 머릿속에 그 장면이 떠오른다.
- ☐ 미적인 감각이 좋은 편이다.
- ☐ 재미있는 이야기가 있으면 사람들에게 들려주고 싶다.

성우

성우는 라디오, 텔레비전, 애니메이션, 영화 등에서 목소리로 연기를 해 캐릭터와 배우를 대신하는 일을 해요. 자신이 맡은 역할에 어떤 목소리가 어울릴지 연구하여 대본에 따라 목소리 연기를 합니다. 성우는 우리가 좋아하는 애니메이션 캐릭터부터 외국 배우의 대사를 우리말로 더빙하거나, 오디오 드라마에서 연기하는 등 많은 분야에서 활약하고 있어요. 또 교양 프로그램이나 각종 안내 방송 또는 라디오 진행을 맡기도 합니다.

어떤 능력과 기술이 필요할까요?

성우가 되기 위해서는 목소리를 잘 사용할 줄 알아야 합니다. 성대모사를 비롯한 다양한 목소리 연기를 할 수 있어야 해요. 물론 완벽하게 표준어를 구사할 수 있어야 하며 다양한 지역의 방언도 함께 연기할 수 있어야 합니다. 성우는 때로 전혀 다른 성별과 나이를 가진 사람의 목소리 연기를 해야 합니다. 이를 위해 연령, 성별, 인종 등 다양한 특성의 사람들을 연구하고 그에 맞는 목소리 연기를 할 줄 알아야 해요.

관련 전공, 추천 학과

방송연예과, 연극영화과, 연극영화학과

무엇을 준비하면 좋을까요?

프로 성우가 되기 위해서는 각 방송사에서 실시하는 공개 채용에 합격해야 합니다. 많은 성우 지망생들은 관련 교육 기관에 다니면서 성우 공개 채용을 준비합니다. 방송사의 공개 채용에 합격하면 해당 방송사의 성우가 되어 다양한 프로그램에 참여할 수 있어요. 그렇게 프로 성우로서의 첫 발걸음을 내디딘 후에는 계속해서 방송사 소속 성우로 활동할 수도 있고, 프리랜서 성우로서 활동할 수도 있습니다. 성우가 되기 위해서는 연극영화과와 같은 연기와 관련된 전공이 유리할 수는 있지만, 필수적인 것은 아닙니다. 뛰어난 목소리 연기력을 가졌다면 누구나 성우에 도전해 볼 수 있어요. 물론 경쟁이 매우 치열하기 때문에 성우가 되기 위해서는 타고난 목소리를 잘 관리하고 꾸준히 연습을 해야 합니다.

이 직업이 제게 어울릴까요? 체크 리스트

- ☐ 애니메이션을 보면 캐릭터의 대사를 내가 연기하고 싶다.
- ☐ 목소리가 좋다는 소리를 종종 듣는다.
- ☐ 사람들을 관찰하는 것을 좋아한다.
- ☐ 감정이 풍부한 편이고 표현력이 좋다.
- ☐ 발음이 정확하고 전달력이 좋다.
- ☐ 주변 친구들 흉내를 잘 낸다.
- ☐ 내 특기는 성대모사다.

모델

모델은 광고하는 상품을 돋보이게 하는 일을 합니다. 이를 위해 광고와 화보 촬영을 하기도 하고, 패션쇼에서 디자이너의 의상을 입고 런웨이를 걷기도 합니다. 또 아티스트와 함께 일하며 예술 작품에 참여하는 경우도 있어요. 예전에는 모델이라고 하면 대부분 패션쇼와 광고를 떠올리지만, 그 뿐만 아니라 여러 분야에서 활동합니다. 손, 머리카락 등 신체 일부만 가지고 활동하는 모델도 있고, SNS에서 활동하는 모델도 있어요. 모델은 사진작가와 감독, 예술가의 지시에 따라서 다양한 포즈와 표정을 취해 사람들의 눈길을 끄는 작품을 만듭니다.

어떤 능력과 기술이 필요할까요?

모델이 되기 위해서는 타고난 신체 조건이 좋아야 합니다. 사람들의 눈길을 끄는 외모, 특별한 개성이 있는 외모를 가지는 것이 모델이 되기에 유리합니다. 모델은 감독과 작가의 지시에 따라 알맞은 자세를 취하기 위해 표현력과 연기력이 좋아야 해요. 또한 런웨이에 서는 패션모델의 경우 바른 자세와 워킹 실력이 필요해요.

관련 전공, 추천 학과

방송연예과, 연극영화과, 모델학과 등

무엇을 준비하면 좋을까요?

모델이 되기 위해서는 많은 자기 관리가 필요합니다. 건강하고 아름다운 신체를 위해서 꾸준한 운동과 건강한 생활 습관을 지키며 몸을 관리해야 해요. 모델을 꿈꾸는 친구들은 각종 모델 선발 대회에 출전해 보는 것도 좋은 기회가 될 수 있습니다. SNS에서 자신의 계정을 만들어 꾸준히 자신만의 개성이 담긴 사진을 올리며 사람들의 주목을 받는 것도 모델이 되는 방법 중 하나입니다. 나만의 자연스러운 매력을 찾아 가꾼다면 모델이 되는 것에 큰 도움이 될 거예요.

이 직업이 제게 어울릴까요? 체크 리스트

- ☐ 나는 많은 사람들 앞에서 긴장하지 않는다.
- ☐ 나의 매력이 무엇인지 잘 알고 있다.
- ☐ 자세가 바르고 걸음걸이가 반듯하다.
- ☐ 주변에서 모델을 하라는 권유를 자주 받는다.
- ☐ 나만의 개성이 강한 편이다.
- ☐ 사람들의 주목을 받는 것이 익숙하다.
- ☐ 사진 찍히는 것을 좋아한다.
- ☐ 참을성이 많고, 자기 관리가 철저하다.

번역가

외국어로 쓰인 글을 우리말로 옮기거나, 반대로 우리말로 쓰인 글을 외국어로 옮기는 일을 전문적으로 하는 사람입니다. 올바른 번역을 하기 위해서는 번역해야 할 글을 잘 알아야 합니다. 이를 위해 자료를 수집하고 공부하며 완벽하게 이해한 뒤에 번역을 시작합니다. 번역을 마친 후에는 전문가에게 검토를 맡겨 잘못된 부분이 없는지 확인하고, 매끄럽게 다듬으며 번역된 글이 자연스럽게 읽힐 수 있도록 합니다.

어떤 능력과 기술이 필요할까요?

번역가는 원어민 수준의 뛰어난 외국어 실력을 갖춰야 합니다. 그리고 번역을 거친 뒤에도 자연스럽고 짜임새 있는 글이 되기 위해서는 문장력과 표현력도 뛰어나야 합니다. 외국어뿐만 아니라 우리말 표현력도 좋아야겠지요? 또한 자연스러운 번역을 위해서는 그 나라의 문화와 역사에 대한 지식도 필요할 때가 많습니다.

관련 전공, 추천 학과

어문 계열 전공, 통번역학과 등

무엇을 준비하면 좋을까요?

번역가가 되기 위해서는 언어와 관련된 전공을 하는 것이 유리합니다. 외국어 고등학교에 진학하여 언어 공부를 시작하거나, 대학에서 관련 전공을 선택하는 것이 좋습니다. 통번역 대학원에 진학하여 더 깊이 있게 배울 수도 있습니다. 번역가가 되기 위해 자격증이 꼭 필요한 것은 아니지만, 중요한 서류의 번역을 위해서는 자격증이 필요한 경우도 있습니다. 자격시험으로는 한국번역가협회와 국제통역번역협회, 그리고 한국외국어대학교에서 시행하는 시험 등이 있습니다. 번역가를 꿈꾸는 사람들은 자격증을 준비하기 위해 사설 학원이나 기관에서 공부를 하기도 해요. 그리고 유학 경험이 있다면 그 나라의 문화를 좀 더 잘 이해할 수 있기 때문에 번역에 많은 도움이 됩니다.

이 직업이 제게 어울릴까요? 체크 리스트

- ☐ 다른 나라의 문화와 역사에 관심이 많다.
- ☐ 글쓰기에 자신이 있고, 내 생각을 글로 잘 표현할 수 있다.
- ☐ 단어 암기가 빠르고, 문법을 정확하게 이해한다.
- ☐ 외국어를 배우는 것에 흥미가 있다.
- ☐ 꼼꼼하고 섬세하다.
- ☐ 집중력이 뛰어나다.

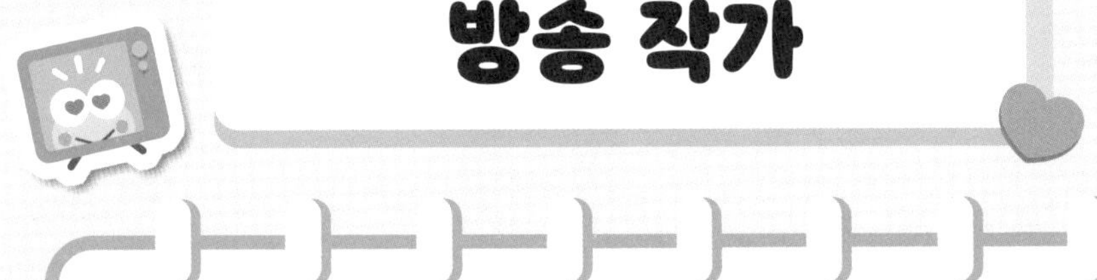

방송 작가

우리가 즐기는 대부분의 텔레비전과 라디오 프로그램에는 진행 순서와 내용이 적혀 있는 대본이 있습니다. 이 대본을 쓰는 사람이 바로 방송 작가입니다. 방송 작가는 교양 및 예능 프로그램을 보다 재미있고 유익하게 만들기 위해 필요한 자료를 수집합니다. 수집한 내용을 바탕으로 대본을 작성하고, 프로그램에 출연할 사람들을 정해서 섭외하기도 합니다.

어떤 능력과 기술이 필요할까요?

방송 작가는 사람들이 흥미를 가질 법한 재미있는 주제를 떠올려야 해요. 평소 우리 주변을 자세히 관찰하고 재미있는 소재를 찾아낼 수 있는 창의력이 필요합니다. 사람들이 쉽게 이해할 수 있는 대본을 작성하기 위해서는 논리적인 글쓰기 실력을 갖추어야 해요. 같은 내용이라도 프로그램의 시청자에 맞게 알맞은 단어나 문장으로 표현할 수 있는 언어 능력도 필요합니다.

관련 전공, 추천 학과

국어국문학과, 문예창작과, 신문방송학과, 언론홍보학과 등

무엇을 준비하면 좋을까요?

방송 작가가 되면 프로그램의 한 코너를 맡아 대본을 작성하게 됩니다. 하지만 처음부터 대본을 쓸 수 있는 것은 아니에요. 처음 방송 작가로 일을 시작하는 사람들을 막내 작가라고 부르는데, 막내 작가는 직접 글을 쓰기보다는 자료 조사와 회의록 작성, 일정 관리처럼 선배 작가들의 일을 돕는 일을 합니다. 이 과정을 거쳐 경험을 쌓아 가면 직접 대본을 쓰는 방송 작가가 될 수 있어요. 방송 작가는 글을 재미있게 쓰는 것뿐만 아니라 다양한 사람들과 일정을 맞추며 필요한 것들을 챙기는 일도 해야 해요. 방송 작가가 되고 싶은 친구들은 무엇이든 꼼꼼하게 챙기는 자세와, 시간 관리를 잘하는 습관을 키워 두는 것이 좋습니다.

이 직업이 제게 어울릴까요? 체크 리스트

- ☐ 아이디어가 풍부하다.
- ☐ 시간 관리를 잘하고 일정을 잘 지킨다.
- ☐ 다른 사람들을 챙기는 일을 잘한다.
- ☐ 관찰력이 뛰어나다.
- ☐ 글을 잘 쓰고 글쓰기를 좋아한다.
- ☐ 사람들의 감정을 잘 이해할 수 있다.
- ☐ 혼자 하는 일보다 함께 협동하는 것을 좋아한다.

도서 편집자

우리는 책을 만드는 사람이 작가 한 사람이라고 생각합니다. 하지만 책을 만들 때 작가만큼이나 큰 역할을 하는 사람들이 있어요. 바로 편집자입니다. 편집자는 우리가 읽는 책을 만드는 사람이에요. 편집자는 작가에게 원고를 의뢰하고, 작가가 쓴 원고의 내용을 검토합니다. 그리고 원고의 오타나 맞춤법 등을 수정하는 교정, 문법에 맞지 않는 문장을 고치는 교열, 글을 다듬는 윤문 작업을 해요. 작가와 상의하여 책 내용에 맞는 디자인과 글씨체 그리고 책의 크기를 결정하고 내용을 보기 좋게 편집하여 책을 완성합니다.

어떤 능력과 기술이 필요할까요?

편집자는 교정, 교열, 윤문 작업을 할 수 있어야 하기 때문에 뛰어난 문해력과 언어 능력이 필요합니다. 또한 원고의 사소한 부분까지도 주의 깊게 살펴야 하기 때문에 꼼꼼함과 섬세함이 요구됩니다. 한 권의 책을 만들기까지 작가, 디자이너, 인쇄업자 등 많은 사람들과 소통해야 하기 때문에 커뮤니케이션 능력 역시 매우 중요해요.

관련 전공, 추천 학과

국어국문학과, 문헌정보학과, 미디어출판과, 언론홍보학과 등

무엇을 준비하면 좋을까요?

편집자가 되기 위해서는 언어 능력이 좋아야 하기 때문에 언어와 관련된 전공을 하는 것이 좋습니다. 하지만 전공이 달라도 편집자 양성 교육을 들으며 편집자의 일을 배울 수도 있어요. 편집자는 보통 출판사에 취업하여 일을 시작합니다. 편집자가 되려면 평소 책을 많이 읽으며 관심을 가지는 것이 좋아요. 지원자들에게 읽었던 책의 목록을 요구하는 출판사도 있고, 글쓰기 시험을 치르는 출판사도 있기 때문에 책을 꾸준히 읽으며 언어 능력을 키워 두는 것이 중요합니다. 서점에 자주 들러서 어떤 책이 인기가 있는지 관심을 갖는 것도 도움이 될 거예요.

이 직업이 제게 어울릴까요? 체크 리스트

- ☐ 책을 많이 읽는 편이다.
- ☐ 서점에 가는 것을 좋아한다.
- ☐ 새로 나온 책들에 관심이 많다.
- ☐ 내가 직접 책을 만들어 보고 싶다고 생각한다.
- ☐ 꼼꼼하고 섬세해서 실수를 잘 하지 않는다.
- ☐ 글쓰기와 읽기 모두를 좋아한다.
- ☐ 디자인 감각과 센스가 있는 편이다.

한번 시작하면 시간이 가는 줄 모르고
집중해서 하는 일이 있나요?

3 생활·서비스

플로리스트

꽃, 식물, 화초 등의 화훼류를 여러 상황이나 목적에 따라 아름답게 꾸미는 일을 해요. 플로리스트는 다양한 식물이 시들지 않도록 적절한 온도와 습도로 식물들을 관리하고, 고객이 원하는 식물을 포장하여 판매합니다. 식물이 돋보이도록 식물의 모양을 다듬어 연출하거나 다른 식물과 함께 조합하기도 해요. 꽃이 필요한 행사나 결혼식, 장례식 등에 공간을 꾸미는 것 역시 플로리스트의 일입니다.

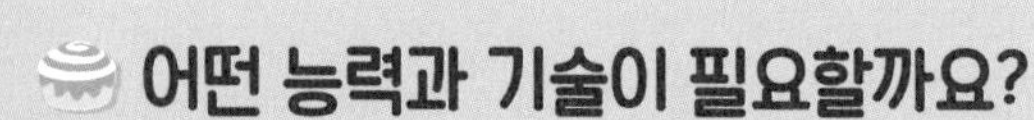

어떤 능력과 기술이 필요할까요?

플로리스트는 꽃과 식물을 아름답게 연출할 수 있어야 하기 때문에 미적 감각과 색채 감각을 고르게 갖춰야 합니다. 또한 식물마다 필요한 온도와 습도가 다르기 때문에 이를 관리하기 위해서 식물에 대한 깊은 지식이 필요해요. 식물로 공간을 꾸미는 경우에는 행사의 성격과 특징을 이해하고, 고객이 원하는 바를 잘 파악할 수 있어야 하기 때문에 뛰어난 의사소통 능력이 요구됩니다.

관련 전공, 추천 학과

원예학과, 시각예술 관련 전공

무엇을 준비하면 좋을까요?

플로리스트가 되기 위해서는 먼저 다양한 식물들을 잘 알아야 합니다. 장미 한 송이만 하더라도 수많은 품종이 있고 그 품종마다 다른 특성과 의미를 가지고 있는데, 플로리스트는 이를 잘 구분해서 고객이 원하는 꽃을 찾아내야 하기 때문입니다. 꾸준히 꽃과 식물들에 대해 공부해 두면 플로리스트가 되는 데에 큰 도움이 될 거예요. 또한 꽃과 식물을 보기 좋게 꾸밀 수 있어야 하기 때문에 미적 감각과 손재주가 필요합니다. 플로리스트는 대부분 화훼장식기능사, 화훼장식기사 자격증을 갖추고 있으므로 미리 공부해 자격증을 얻는다면 많은 도움이 될 수 있습니다.

이 직업이 제게 어울릴까요? 체크 리스트

- ☐ 꽃과 식물을 키우는 것에 관심이 많다.
- ☐ 비슷하게 생긴 식물을 잘 구분해 낼 수 있다.
- ☐ 꽃의 이름과 꽃말을 많이 알고 있다.
- ☐ 손재주가 좋고 미술 시간이 즐겁다.
- ☐ 센스가 있다는 말을 자주 듣는 편이다.
- ☐ 섬세한 작업을 집중해서 잘 해낸다.
- ☐ 친구들의 마음을 잘 이해하는 편이다.

항공기 승무원

항공기 승무원은 비행기가 운행하는 동안 승객의 안전과 편의를 위한 서비스를 제공합니다. 안전한 비행을 위해 기내 장비에 이상이 있는지 확인하고, 승객들에게 비상시 어떻게 행동해야 하는지 알려 줍니다. 또한 비행기 탑승을 안내하고, 식사와 음료를 제공하여 승객들이 비행기 안에서 편안한 시간을 보내도록 돕습니다. 다른 사람을 돕거나 배려하기를 좋아하는 친구들이 흥미를 가질 수 있는 직업이에요. 또한 비행기가 흔들리거나 비상 상황일 때는 승객의 안전을 책임져야 하기에 위급 상황에서도 침착함을 유지하고, 다른 사람을 잘 이끌 수 있는 성격을 가진 사람에게 적합해요.

어떤 능력과 기술이 필요할까요?

항공기 승무원은 승객들의 요구를 이해하고 적절한 서비스를 제공해야 하므로 탁월한 의사소통 능력이 필요합니다. 또한 승무원은 다양한 응급 상황에도 대응할 수 있는 능력도 갖추어야 합니다. 비상시 승객의 안전에 도움을 줄 수 있으려면 뛰어난 체력이 필요해요. 다양한 나라의 승객들을 만나야 하므로 뛰어난 외국어 능력과 문화적 지식도 갖추어야 합니다.

관련 전공, 추천 학과

항공서비스과, 호텔·관관경영학과, 비서학과, 외국어(문학) 계열 학과 등

무엇을 준비하면 좋을까요?

항공기 승무원은 항공사 시험을 통해 국내 또는 해외 항공사 승무원이 될 수 있습니다. 전공에 제한을 두고 있지 않지만 대학에서 항공 서비스 관련 공부를 할 수 있어요. 다른 분야의 공부를 했더라도 직업 전문학교나 학원에서 항공기 승무원이 되기 위한 교육과 훈련을 받을 수도 있습니다. 외국인 승객과의 의사소통을 위한 외국어 능력도 꼭 필요해요. 어학 성적을 획득하고 실전 회화 연습을 꾸준히 한다면 많은 도움이 될 거예요.

이 직업이 제게 어울릴까요? 체크 리스트

- ☐ 헌신적이며, 다른 사람을 돕는 것에 대한 열정이 있다.
- ☐ 다른 사람들과 원활하게 소통하며, 함께 일하는 것을 즐긴다.
- ☐ 장시간 서 있거나 이동하는 작업을 할 수 있는 체력을 갖추고 있다.
- ☐ 변화에 빠르게 대응하고 새로운 상황에 유연하게 대처할 수 있다.
- ☐ 다양한 문화와 가치관에 대해 존중하는 태도를 중요하게 생각한다.
- ☐ 세심하게 일을 처리하고, 작은 부분에도 신경을 쓴다.

호텔리어

호텔리어는 고객이 호텔에 머무는 동안 편안하게 지낼 수 있도록 호텔 안에서의 다양한 업무를 담당합니다. 고객의 문의에 답하는 일부터 식품, 음료를 제공하는 일, 객실을 정돈하고 위생을 점검하는 일 등이 모두 호텔리어의 일입니다. 고객의 요청과 불만 사항을 잘 처리하고, 다른 직원들과 함께 호텔의 원활한 운영을 위해 일합니다.

어떤 능력과 기술이 필요할까요?

호텔리어는 다양하고 복잡한 업무를 수행해요. 단순히 고객 응대에 그치지 않고, 예약 관리, 객실 청소, 직원 교육 및 관리 등 다양한 업무들을 효율적으로 관리하는 능력이 필요합니다. 손님에게 친절하고 전문적인 서비스를 제공하기 위해 우수한 의사소통 능력과 친절함이 필요하고, 외국어 손님들과 소통하기 위한 외국어 능력도 갖추어야 합니다.

관련 전공, 추천 학과

경영학, 호텔경영학, 관광학, 외식경영학, 국제 비스니스, 외국어(문학) 계열 학과 등

무엇을 준비하면 좋을까요?

호텔리어가 되기 위해서는 일하려는 분야에 따라 필요한 자격과 경험을 갖추고, 특정 기술과 지식을 학습하는 것이 필요합니다. 대학에서 호텔, 외식, 서비스 관련 공부를 하거나, 호텔 운영과 관련된 교육 및 자격증 프로그램을 수강하여 전문 지식을 배울 수도 있습니다. 다른 분야를 공부했어도 객실 예약, 식음료 서비스 등 관련이 있는 일을 실제로 겪어 보며 경험을 쌓아 가는 것이 중요합니다.

이 직업이 제게 어울릴까요? 체크 리스트

- ☐ 다른 사람에게 문제나 불만이 생겼을 때 효과적으로 해결할 수 있다.
- ☐ 나의 의견을 명확하고 효과적으로 전달할 수 있다.
- ☐ 시간을 효율적으로 관리하고, 기한 내에 일을 완료할 수 있다.
- ☐ 동료와 협력하여 단체의 목표를 달성하는 것을 중요하게 생각한다.
- ☐ 주변 환경의 청결과 위생 상태를 관리할 수 있다.
- ☐ 다양한 문화적 배경을 이해하고 존중한다.
- ☐ 리더로서 팀을 이끌고, 팀원의 업무를 조율하는 리더십이 있다.

요리사

요리사는 재료를 여러 가지 방법으로 조리해서 다양한 맛을 만들어 내거나 새로운 음식을 만들어요. 조리된 음식을 먹음직스럽고 보기 좋게 그릇에 담고 장식하는 일도 요리사가 하는 일입니다. 새로운 조리법을 개발하고 요리를 아름답게 꾸미는 능력이 필요하기 때문에 창의성과 예술적 감각을 갖춘 친구들에게 추천하고 싶은 직업이에요. 주방에서는 위생이 매우 중요해요. 요리사는 주방에서 근무할 때 가운과 모자를 착용하고, 조리가 끝나면 남은 재료를 손질해서 보관하고 식기, 요리 도구, 주방 안을 깨끗하게 정리합니다.

어떤 능력과 기술이 필요할까요?

요리사는 음식을 만들기 위해 손이나 도구로 재료를 손질하고, 정교한 작업을 할 수 있는 손재주와 좋은 체력이 중요해요. 다양한 식재료만큼이나 배워야 할 요리법도 많고, 메뉴와 조리법도 끊임없이 발전하기 때문에 요리사는 새로운 식재료와 기술을 꾸준히 배워야 합니다. 관심 있는 분야에 대해 깊게 탐구하는 과정을 좋아하고, 학습과 발전에 대한 열정이 있는 친구들에게 추천하는 직업입니다.

관련 전공, 추천 학과

조리과, 조리과학과, 식품조리학과, 외식조리(학)과, 호텔외식조리과, 관광호텔 조리과 등

무엇을 준비하면 좋을까요?

조리사 관련 자격증을 취득하고 식당이나 호텔, 레스토랑에 취업할 수 있어요. 조리 과학 고등학교나 전문계 고등학교의 조리과, 대학교의 식품 조리학과, 외식 조리학과 등 관련 학과를 졸업하기도 하고, 요리 학원에서 필요한 직업 훈련을 받을 수도 있어요. 요리사들이 모두 조리 관련 고등학교나 대학교를 졸업한 사람들은 아니에요. 요리 학교를 졸업한 사람도 있지만, 관련 자격이 없는 경우 음식점에서 근무하며 현장 경험을 쌓고 실력을 인정받는 경우도 많습니다. 외국으로 유학을 가서 현지의 요리를 전문적으로 배우기도 해요.

이 직업이 제게 어울릴까요? 체크 리스트

- ☐ 음식 준비와 조리에 대한 관심과 즐거움이 있다.
- ☐ 음식을 아름답게 꾸미는 데 흥미를 느낀다.
- ☐ 조리 과정에서 정확한 측정과 시간 관리가 중요하다고 생각한다.
- ☐ 장시간 서 있거나 힘든 작업을 견딜 수 있는 체력을 갖고 있다.
- ☐ 다른 사람들과 협력하여 일하는 것을 선호한다.
- ☐ 항상 주변을 깨끗하게 정돈한다.
- ☐ 새로운 기술을 계속 배우는 것을 즐긴다.

반려동물 훈련사

훈련사는 동물에 대한 지식을 바탕으로 반려동물의 문제 행동을 바로잡는 것을 돕습니다. 반려동물의 문제 행동을 파악한 후, 보호자와 대화를 하며 근본적인 원인을 찾고, 원인에 따라 반려동물에게 알맞은 행동 교육 프로그램을 개발하고, 훈련을 계획합니다. 마음을 열고 동물의 심리를 읽고 파악하는 일에 관심이 있어야 해요. 또한 보호자의 행동에서도 바로잡아야 하는 부분이 있다면 함께 해결해야 하기에, 원만한 의사소통 능력도 중요합니다.

어떤 능력과 기술이 필요할까요?

훈련사는 반려동물이 건강하고 행복한 삶을 사는 것에 중점을 둡니다. 효과적으로 동물의 행동을 진단하고 훈련 프로그램을 계획하기 위해서는 세밀한 관찰력이 필요해요. 또한 반려동물 보호자와 대화해야 하기 때문에 다른 사람과 잘 어울리는 사람에게 적합합니다. 반려동물의 교육을 위해서는 장기적인 훈련이 필요하므로 인내심도 훈련사에게 매우 중요한 자질입니다.

관련 전공, 추천 학과

애완동물과, 동물자원학과, 바이오동물학과 등

무엇을 준비하면 좋을까요?

고등학교, 대학교의 반려동물 관련 학과로 진학하면 반려동물에 대한 기본적인 특성과 미용, 건강, 훈련과 같은 전반적인 관리에 대해 공부할 수 있어요. 반려동물 훈련사는 실전 경험도 매우 중요합니다. 반려동물을 훈련하는 기업이나 공공기관에 취업하여 경험을 쌓을 수 있고, 반려동물 훈련소와 훈련 학교 등을 직접 운영할 수도 있어요.

이 직업이 제게 어울릴까요? 체크 리스트

- ☐ 반려동물에 대한 깊은 애정과 관심을 가지고 있다.
- ☐ 인내심을 갖고 긍정적인 태도를 유지할 수 있다.
- ☐ 다른 사람들과 효과적으로 소통하고, 자신의 의견을 명확히 설명한다.
- ☐ 예기치 않은 상황이나 문제에 대해 유연하고 창의적으로 대응한다.
- ☐ 반려동물과의 훈련 및 활동을 위해 필요한 체력을 갖추고 있다.
- ☐ 다양한 분야의 사람들과 협력하여 문제를 해결할 수 있다.

통역사

언어가 다른 사람들이 모인 자리에서 서로의 대화나 발표를 이해하려면 우리말로 전달해 주는 사람이 필요하겠죠. 통역사가 국제회의, 세미나, 학회, 기자 회견, 사업상 미팅 등에서 우리나라 사람과 다양한 언어를 사용하는 외국인 간의 소통을 도와요. 통역할 주제와 관련된 자료를 수집하고 미리 공부해야 하죠. 사람들의 소통을 돕는 역할을 하기 때문에 사교적인 성격을 가지고 있어야 합니다. 또한 논리적이고 합리적으로 생각하는 습관이 있는 사람에게 어울려요.

어떤 능력과 기술이 필요할까요?

통역사는 뛰어난 어학 능력과 표현력, 정확한 발음 등의 언어 능력이 필요해요. 대화나 발표 내용을 듣고 전달해야 하기 때문에 집중력과 순발력을 갖추고 있어야 합니다. 통역의 핵심은 원문을 충실히 전달하고, 내용을 변형하거나 추가하지 않아야 합니다. 하지만 통역사는 단순히 말을 번역하는 것 이상의 역할을 수행합니다. 사람들의 감정이나 의도를 정확히 이해하여 상황에 맞는 적절한 표현을 선택하고, 해석하는 능력이 필요합니다.

관련 전공, 추천 학과

영미어·영문학과, 일본어·문학과, 중국어·문학과, 프랑스어·문학과 등 어문 계열 학과, 국제지역학과, 통역학과(통역번역대학원) 등

무엇을 준비하면 좋을까요?

통역사가 되기 위한 특별한 자격 요건이 있는 것은 아니지만 우리말을 잘해야 되는 것은 필수이고, 외국어도 유창하게 말할 수 있어야 해요. 통역가는 대학에서 외국어를 전공하거나, 통역대학원 과정을 이수하는 경우가 많습니다. 통역사가 되기 위한 특별한 자격 요건이 있는 것은 아니지만 우리말을 잘해야 되는 것은 필수이고, 외국어도 유창하게 말할 수 있어야 해요. 통역사는 대학에서 외국어를 전공하거나, 통역대학원 과정을 이수하는 경우가 많습니다. 하지만 해외에서 오래 살아서 외국어를 잘하는 사람들이 통역가로 활동하기도 합니다. 통역사가 되고 싶은 친구들은 틈틈이 외국어 공부를 열심히 하고, 기회가 된다면 통역 자원봉사를 신청하여 외국 관광객 대상의 통역 가이드, 국제교류 참여 및 문화 체험 활동, 통역 보조 활동을 통해 경험을 쌓아 보는 것도 좋습니다.

이 직업이 제게 어울릴까요? 체크 리스트

- ☐ 외국어에 대한 관심과 흥미가 있다.
- ☐ 사람들과 잘 어울리고 사교적인 성격이다.
- ☐ 나의 생각을 다른 사람이 이해하기 쉽게 말할 수 있다.
- ☐ 많은 사람들 앞에서 말하는 것이 두렵지 않다.
- ☐ 글을 통해서 다른 사람과 효과적으로 의사소통한다.
- ☐ 주변이 어수선하고 시끄러워도 집중해서 일할 수 있다.

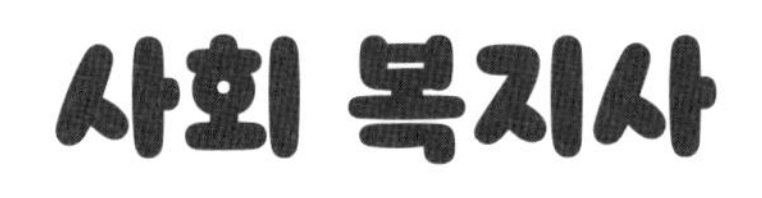

사회 복지사

어려움에 처한 사람들을 만나서 문제를 파악하고, 사회에 잘 적응할 수 있도록 돕는 일을 해요. 자원 봉사자를 모집해서 봉사 활동을 지도하기도 하고, 사람들이 건강한 몸과 마음을 유지하도록 살피고, 필요한 교육이나 훈련 프로그램을 지도하기도 합니다. 다른 사람을 돕는 일을 주로 하기 때문에 자신의 생각과 감정을 잘 파악하고 조절할 수 있는 자기 성찰 능력도 필요해요. 배려심과 봉사 정신이 높은 사람에게 추천해요.

어떤 능력과 기술이 필요할까요?

사회 복지사는 어려움에 처한 사람이 스스로 문제를 해결할 수 있도록 지원하는 역할을 합니다. 따라서 투철한 봉사 정신을 갖춘 사람에게 적합하며, 충분한 전문 지식과 사명감*이 있어야 해요. 사회 복지사는 어려움이 있는 사람의 문제를 해결하기 위해 함께 의논하고 필요한 것을 찾아 줄 수 있어야 하기 때문에 뛰어난 문제해결 능력도 필요합니다.

*사명감 : 해야 할 일에 대한 책임감.

관련 전공, 추천 학과

노인복지학, 아동복지학과, 가족복지과, 사회복지과, 사회복지상담과, 아동복지과, 사회복지학과 등

무엇을 준비하면 좋을까요?

사회 복지사는 자격증을 취득한 후 사회 복지관 또는 노인 복지관, 장애인 복지관, 지역 아동 센터 등에서 일을 해요. 대학에서 사회 복지학을 전공하거나, 평생 교육원 등에서 필요한 수업을 들으며 자격을 얻습니다. 사회 복지사는 공공기관뿐만 아니라 병원, 학교, 기업 등 다양한 환경에서 일합니다. 따라서 다양한 관련 시설에서 봉사 활동을 하며 실제 사회 복지사들이 하는 일에 대해 배워 보는 것도 좋은 경험이 될 것입니다.

이 직업이 제게 어울릴까요? 체크 리스트

- ☐ 도움이 필요한 친구가 있으면 쉽게 지나치지 못한다.
- ☐ 주변 친구들을 도와주면 보람을 느낀다.
- ☐ 어려운 상황에서도 침착함을 유지한다.
- ☐ 자신이 맡은 일을 책임감 있게 끝까지 해낸다.
- ☐ 혼자보다 사람들과 함께하는 것을 좋아한다.
- ☐ 다른 사람의 어려움에 대해 상담해 주기를 좋아한다.

파티시에

우리가 맛있게 먹는 빵과 케이크, 쿠키, 파이 등을 만들고 새로운 제과·제빵 메뉴를 개발하는 직업이에요. 예민한 미각과 정교한 손재주가 필요합니다. 파티시에는 단순히 만드는 일만 하지 않아요. 제품이 완성되면 맛과 향, 색상, 모양새 등을 점검하고, 종류에 따라 예쁜 장식을 곁들이고 포장을 해요. 따라서 손으로 만들어 내는 활동에 관심이 있고, 아름답게 꾸미는 것을 즐기는 친구들에게 추천하고 싶은 직업이에요.

어떤 능력과 기술이 필요할까요?

조리법을 정확하게 지키고 섬세하게 다룰 수 있는 꼼꼼함이 필요합니다. 그뿐만 아니라 창의적이고 새로운 조리법을 개발할 수 있어야 하므로 다양한 연구를 시험해 볼 수 있는 탐구심도 필요해요. 새로운 맛과 모양새를 개발하는 것이 이 직업의 매우 중요한 부분이기 때문입니다. 고객의 주문에 맞춰 제품을 만드는 경우에는 고객과의 의사소통 능력이 필요합니다. 대형 제과점이나 호텔에서는 여러 사람들과 함께 일하기 때문에 협동심도 꼭 필요한 능력입니다.

관련 전공, 추천 학과

조리과학과, 호텔 조리학과, 제과 제빵학과, 식품공학과 등

무엇을 준비하면 좋을까요?

먼저 제과·제빵에 흥미를 가지고, 다양한 빵과 디저트가 어떤 방식으로 만들어졌을지, 내가 직접 만든다면 어떤 점을 개선할지 등에 대해 고민하고 연구를 해야 해요. 또 집에서 직접 빵과 디저트를 만들어 보고, 주변에서 평가를 받으면서 파티시에의 길이 잘 맞는지 알아보는 것이 좋겠습니다. 결심이 확고해졌다면 관련 전공이 있는 학교에 진학하거나, 제과·제빵기능사 자격증 시험을 준비하는 것을 추천합니다. 제과·제빵기능사 자격시험은 나이와 경력에 상관없이 누구나 볼 수 있는 시험이에요. 친구들도 충분한 공부와 연습을 한다면 제과기능사 또는 제빵기능사가 될 수 있지요. 파티시에가 되기 전에 미리 시험을 보고 자격증을 획득해 둔다면 큰 도움이 되겠죠?

이 직업이 제게 어울릴까요? 체크 리스트

- ☐ 새로 나온 디저트에 관심이 많다.
- ☐ 집에서 오븐 등을 가지고 직접 좋아하는 디저트를 만들어 본 적이 있다.
- ☐ 디저트를 먹을 때 사용된 재료와 조리법을 궁금해한다.
- ☐ 세심한 작업을 할 수 있는 꼼꼼한 자세를 가지고 있다.
- ☐ 주변 환경을 깨끗하게 정돈하는 편이다.
- ☐ 팀원들과 협력하여 원활하게 일을 해낼 수 있다.

가장 자신 있는 과목은 무엇인가요?
그 과목과 어울리는 직업이나 일은
어떤 것이 있을까요?

4 의료·안전

의사

환자가 가진 병을 올바르게 진단*하여 치료하고, 예방하는 일을 합니다. 환자가 다시 일상생활을 할 수 있게 돕기도 하지요. 진료 분야에 따라 외과, 정신과, 산부인과, 소아과, 안과, 치과 등으로 나뉩니다. 의사는 사람의 생명을 다루는 만큼 생명을 소중히 하고 봉사 정신이 뛰어나야 합니다. 우리 신체에 관심이 많고 관찰과 탐구를 좋아하는 친구들에게 추천하고 싶은 직업이에요. 더불어, 남을 도우려는 마음을 가진 친구들이라면 아주 훌륭한 의사가 될 수 있을 거예요.

어떤 능력과 기술이 필요할까요?

의사로서 필수적인 의학 지식과 기술들을 학습하는 것이 중요합니다. 다양한 의료 과목들을 꼼꼼히 공부해야 하고, 영어가 많이 쓰이는 의학 용어를 배우기 위해 어학 능력도 필요해요. 의학은 빠르게 발전하는 분야이기에 최신 연구와 기술을 끊임없이 배워야 합니다. 항상 질병과 죽음을 가까이 하기 때문에 스스로 마음을 평온하게 다스리는 것도 중요합니다. 환자의 마음을 챙겨 주는 이해심과 소통 능력도 의사가 갖춰야 할 능력 중 하나입니다.

*진단 : 의사가 환자의 병 상태를 판단함.

관련 전공, 추천 학과

의과 대학, 의학 전문 대학원

무엇을 준비하면 좋을까요?

의과 대학에 진학하기 위해서는 우수한 학업 성적을 유지해야 합니다. 특히 수학과 기초 과학 과목이 중요하지요. 우리나라에는 의사가 되는 두 가지 길이 있습니다. 첫째는 의예과* 2년과 의학과 4년, 총 6년 과정의 의과 대학을 졸업하여 학위를 얻은 후에 의사 국가 면허 시험에 합격하는 방법입니다. 둘째는 일반 4년제 대학을 졸업한 후 총 4년 과정의 의학 전문 대학원에 진학해 의무석사 학위를 취득하고 의사 국가 면허 시험에 합격하는 방법입니다. 하지만 의사 면허를 얻은 의사들도 보통은 전문의* 자격을 얻기 위해 4년 정도 더 공부하고 실습해야 해요.

의사는 인간의 건강과 생명에 큰 영향을 미치는 직업입니다. 환자에 대한 책임감과 배려심, 봉사 정신을 갖추어야 해요. 또한 빠르게 발전하는 분야이므로 꾸준히 공부하고 배우는 자세를 유지하는 것도 중요합니다.

이 직업이 제게 어울릴까요? 체크 리스트

- ☐ 모르는 것을 넘어가지 않고 책이나 인터넷 검색을 통해 찾아보는 편이다.
- ☐ 학교에서 친구들과 토론하고 조별 활동을 하는 것이 즐겁다.
- ☐ 다른 사람에게 책임감이 있다는 말을 종종 듣는다.
- ☐ 생물을 관찰하고 탐구하는 것을 좋아한다.
- ☐ 남을 잘 돕고 돕는 일에 보람을 느낀다.
- ☐ 배려심이 깊은 편이다.

*의예과 : 의과 대학 교과 과정에 필요한 공부를 위한 2년간의 예비 과정.

*전문의 : 의학의 여러 과 중 하나를 전문으로 하는 의사.

간호사

의사의 진료를 돕고, 의사의 진단이나 정해진 치료법에 따라 환자를 돌보는 일을 합니다. 환자와 보호자에게 질병과 치료법에 관해 설명하는 것도 간호사의 중요한 역할입니다. 간호사는 다른 사람을 배려하고 봉사하는 마음이 뛰어난 친구들이 선택할 수 있는 좋은 직업입니다. 간호사는 응급실에서 응급 환자를 돌보는 응급실 간호사, 수술실에서 의사를 도와 환자의 수술을 돕는 수술실 간호사, 위중한 입원 환자를 돌보는 중환자실 간호사 등으로 구분할 수 있습니다.

어떤 능력과 기술이 필요할까요?

환자의 치료와 빠른 회복을 돕기 위한 의료 기술이 필요합니다. 이 외에도, 간호사에게 필요한 능력은 다양해요. 우선 뛰어난 봉사 정신과 꼼꼼한 자세가 필요합니다. 환자의 상태를 정확하게 파악하고 기록해야 의사의 치료 활동에 도움을 줄 수 있기 때문이에요. 또한 환자와 보호자에게 치료법과 건강 회복을 위해 지켜야 할 일들을 친절하게 설명하고 가르치는 것도 간호사의 중요한 업무 중 하나이기에, 쉽고 친절하게 설명할 수 있는 소통 능력도 필요합니다.

관련 전공, 추천 학과

간호학과, 건강간호학전공

무엇을 준비하면 좋을까요?

간호사가 되려면 대학교에서 간호학과를 졸업하고 관련 국가 시험에 합격하여 간호사 자격증을 얻어야 해요. 전문 간호사의 경우, 국가에서 지정한 전문 간호사 교육 기관에서 2년 이상 교육받고 대학원 학위를 취득한 후 자격시험에 합격해야 합니다. 보건교사 자격증은 대학교에서 교직 과정을 듣고 간호사 시험에 합격해야 받을 수 있어요. 간호사 자격을 얻게 되면 병원과 학교, 보건소에 취직하거나 산후조리원, 요양원 등 복지관의 간호사로 일할 수도 있습니다.

이 직업이 제게 어울릴까요? 체크 리스트

- ☐ 친구들이 아프거나 다쳤을 때 관심을 가지고 돌봐 준다.
- ☐ 수학과 과학의 성적이 우수한 편이다.
- ☐ 친절하다는 말을 자주 듣는다.
- ☐ 처음 보는 사람과 쉽게 대화할 수 있다.
- ☐ 사람에 대한 관찰력과 기억력이 좋다.
- ☐ 다른 사람에게 어떤 일에 대해 잘 설명하고 가르쳐 줄 수 있다.
- ☐ 남을 도울 때 행복을 느낀다.
- ☐ 일기나 관찰 일지, 메모 등 기록하는 습관이 있다.

심리 상담사

심리 상담사는 심리 치료사, 상담사, 상담 교사 등 다양한 이름으로 불립니다. 심리 상담사는 성격과 감정, 인간관계, 진로나 정신적 문제로 어려움을 겪는 사람들을 돕습니다. 심리 검사, 상담 프로그램을 활용하여 내담자*가 처한 문제를 분석하고 함께 해결 방법을 찾습니다. 사람의 심리에 대해 관심이 많거나 다른 사람의 감정을 잘 이해하는 친구, 사람의 마음을 깊이 알고자 하는 끈기가 있는 친구라면 좋은 상담사가 될 수 있을 거예요.

어떤 능력과 기술이 필요할까요?

상담사는 소통 능력이 뛰어나야 합니다. 대화를 통해 내담자의 문제 원인을 찾고, 스스로 마음을 살피고 문제 해결 방법을 찾을 수 있도록 설득해야 합니다. 심리 상담은 많은 사람이 가지고 있는 스트레스나 대인관계 문제를 극복할 수 있도록 도움을 주는 일입니다. 그러므로 여러 가지 상황들에 대한 이해가 필요해요. 다양한 상담 경험은 상담 업무에 큰 도움이 될 거예요.

*내담자 : 심리 상담사에게 상담을 요청한 사람.

관련 전공, 추천 학과

심리학과, 사회복지 관련 학과, 교육학과, 아동학과, 아동복지학과, 청소년지도학과, 노인복지학과

무엇을 준비하면 좋을까요?

사람의 마음을 다루는 일인 만큼 많은 공부가 필요합니다. 보통은 대학교에서 심리학을 전공하는 경우가 많아요. 상담사가 되기 위한 국가 자격증으로는 청소년 상담사, 임상 심리사, 전문 상담 교사가 있으며, 민간 자격증으로는 상담 심리사가 있습니다. 심리 상담사는 내담자와 대화를 나누며, 내담자가 가진 문제를 같이 생각하고 해결해야 합니다. 어려움에 처한 내담자의 이야기를 잘 들어주고, 열린 마음으로 대하고 공감해 주는 자세가 필요해요.

이 직업이 제게 어울릴까요? 체크 리스트

- ☐ 나는 내가 어떤 사람인지 쉽게 설명할 수 있다.
- ☐ 사회와 도덕 과목을 좋아한다.
- ☐ 내게 속마음을 터놓고 이야기하는 친구들이 많다.
- ☐ 친구가 비밀을 털어 놓으면 절대 다른 사람에게 전하지 않는다.
- ☐ 다른 사람들과 대화를 나누는 것이 즐겁다.
- ☐ 이야기를 잘 들어주는 편이다.
- ☐ 화가 나거나 슬픈 일이 있어도 금방 차분해질 수 있다.

물리 치료사

의사의 진단이나 처방에 따라 운동이나 마사지, 치료 기구를 활용하여 환자의 통증을 낫게 하는 일을 합니다. 환자의 상태를 파악하여 의사와 치료 방법을 의논하기도 하지요. 물리 치료사는 환자를 치료하기 위해 환자와 보호자에게 올바른 운동 방법과 생활 습관을 교육합니다. 그리고 치료 후에도 재발*을 방지하는 방법과 스스로 관리하는 방법을 알려 줍니다. 건강과 운동에 관심 있는 친구들이라면 보람을 느낄 수 있는 직업이에요.

어떤 능력과 기술이 필요할까요?

물리 치료사는 인체의 구조와 기능에 대해 잘 이해하고 있어야 합니다. 또 몸이 불편한 환자에게 도움을 줄 수 있을 만큼 건강한 신체를 가지고 있어야 해요. 물리 치료사는 여러 가지 운동법과 전기 자극, 열 치료 등 환자에게 사용할 수 있는 치료 방법을 잘 알아야 하며, 꾸준히 새로운 치료법을 배우기 위해 노력해야 합니다. 환자의 문제를 정확하게 알고 교육하기 위해 의사소통도 잘 할 수 있어야 해요.

*재발 : 다시 발생함.

관련 전공, 추천 학과

물리치료학과, 재활학과, 작업치료과

무엇을 준비하면 좋을까요?

전문대학이나 대학교에서 물리치료학과를 전공해야 합니다. 물리치료학과를 졸업하면 물리 치료사 자격증 시험을 볼 수 있어요. 자격시험을 본 이후에도 병원에서 다양한 환자를 치료하며 경험을 쌓아야 합니다. 물리 치료사는 병원이나 재활원, 보건소 등의 물리치료실에서 일하거나 복지시설, 특수학교 등 사회복지 분야에 취업할 수도 있습니다. 운동선수들을 전문적으로 관리하는 물리 치료사도 있어요. 내가 일하고 싶은 장소를 구체적으로 생각해 보는 것도 좋겠죠?

이 직업이 제게 어울릴까요? 체크 리스트

- ☐ 운동에 관심이 많다.
- ☐ 새로운 운동 기구를 보면 사용해 보고 싶다.
- ☐ 친구들에게 공감 능력이 뛰어나다는 말을 들은 적이 있다.
- ☐ 주변 친구들을 도와주면 보람을 느낀다.
- ☐ 도움이 필요한 친구가 있으면 쉽게 지나치지 못한다.
- ☐ 사람이나 장소의 작은 변화도 잘 발견하는 편이다.

약사

의사가 내린 처방*이나 조제* 방법대로 아픈 사람들에게 약을 만들어 줍니다. 환자와 보호자에게 조제된 약의 복용 방법과 주의 사항을 설명해요. 약을 만드는 제약 회사에서 근무하면 새로운 의약품을 개발하고 약품의 효능과 부작용을 연구할 수 있습니다. 의약품의 성분을 분석하여 새로운 약품을 사용할 때 지켜야 할 규칙을 만들고, 사람들이 안전하게 약을 사용할 수 있도록 도움을 줍니다.

어떤 능력과 기술이 필요할까요?

약사는 약학 지식을 바탕으로 처방이 알맞은지 검사하고, 약의 효과에 대해 따지는 분석 능력이 필요합니다. 의약품의 보관법과 사용 기한 등을 고려해 약품을 꼼꼼하게 관리하는 것도 중요해요. 약사는 환자의 건강에 대해 조언해 주고, 교육하는 전문가이기도 합니다. 사람들이 안전하게 약품을 사용할 수 있도록 친절하게 설명할 수 있어야 해요.

*처방 : 병을 치료하기 위해 약을 짓는 방법. *조제: 약을 만드는 것.

관련 전공, 추천 학과

약학부, 약학과, 산업제약학과

무엇을 준비하면 좋을까요?

약사가 되려면 약사 시험에 합격하여 약사 면허를 취득해야 해요. 이 시험을 보기 위해서는 반드시 약학 대학을 졸업해야 합니다. 약학 대학은 다른 대학보다 2년이 많은 6년을 공부해야 하므로 오랜 기간 공부를 할 수 있는 끈기가 있어야 해요. 약사 시험에서는 약물에 대한 지식은 물론이고 관련 법과 의료 지식 등을 알아야 좋은 점수를 받을 수 있어요. 약국에서 일하는 약사가 되기 위해서는 환자들의 상태를 세심하게 확인하고 의사의 처방에 따라 올바른 약을 조제하는 능력이 중요해요. 공공 기관 또는 제약 회사에서 실험, 연구를 하게 되는 경우엔 꼼꼼한 분석 능력을 키우는 것이 필요합니다.

이 직업이 제게 어울릴까요? 체크 리스트

- ☐ 음식을 먹기 전 유통 기한이나 섭취 기한을 확인한다.
- ☐ 처음 보는 사람과도 잘 대화할 수 있다.
- ☐ 약이 몸에 어떻게 작용하고 반응하는지 관심이 많다.
- ☐ 과학 실험을 좋아한다.
- ☐ 암기력이 좋다.

수의사

동물을 돌보는 의사인 수의사는 아프거나 다친 동물을 진단하고 치료합니다. 동물의 질병을 예방하기 위해 질병을 조사하고, 예방 접종을 하고, 위생을 관리하기도 해요. 또 동물원과 수족관에 사는 각종 동물들의 영양 상태와 건강을 관리하는 것도 수의사의 일입니다. 수의사는 단순한 치료뿐만 아니라 사람들이 먹는 고기, 우유와 같은 축산물의 안정성을 검사하기도 합니다.

어떤 능력과 기술이 필요할까요?

동물을 돌보고 치료하기 위해서는 동물에 대한 지식과 의학 지식 외에도 뛰어난 관찰력이 필수입니다. 말하지 못하는 동물의 행동을 잘 이해하고 건강 상태를 파악하기 위해서지요. 또 아픈 동물은 스트레스를 받아 공격성을 드러낼 때가 있는데 수의사는 이런 상황에서도 침착하게 행동하여 위험을 예방할 수 있어야 합니다. 동물의 심각한 질병이나 죽음과 마주하는 직업이니만큼 스스로 감정을 잘 다스리고, 냉철한 판단을 내리는 것도 중요합니다.

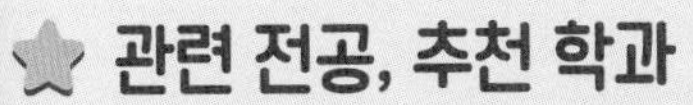

관련 전공, 추천 학과

수의학과, 수의예과, 동물보건학과, 동물자원학과

무엇을 준비하면 좋을까요?

수의사가 되려면 수의사 시험에 합격하여 자격을 얻어야 합니다. 수의과 대학에 입학하여 학위를 받아야만 수의사 시험을 볼 수 있는 자격이 생겨요. 수의학 전공이 있는 학교가 많지 않기 때문에 미리 알아보고 내가 지원할 수 있는 학교에 맞춰서 성적 관리를 하는 것을 추천합니다. 수의학과는 일반적으로 수의예과 2년에 수의학과 4년으로 총 6년 과정이며, 기초 과학과 수의학 등 필요한 수업을 듣고, 동물병원이나 농장에서 실습도 해야 합니다. 자격증 시험과 실습을 마치고 수의사가 되면 어떤 수의사가 될지에 대해서 고민해야 해요. 우리가 잘 알고 있는 동물병원에서 일하는 수의사부터 동물 약품 업체, 제약 회사, 연구소 등 다양한 관련 기관에서 일할 수 있습니다.

이 직업이 제게 어울릴까요? 체크 리스트

- ☐ 동물에 대한 애정과 관심이 있다.
- ☐ 겁이 없고 웬만한 일로는 놀라지 않는다.
- ☐ 손재주가 뛰어나서 만들기나 바느질을 잘한다.
- ☐ 동물을 키울 때 먹이 주기와 집 청소는 내가 직접 한다.
- ☐ 숙제도 아닌데 재미로 식물이나 동물의 관찰 일지를 쓴 적이 있다.
- ☐ 긴 시간 동안 집중력을 유지할 수 있다.
- ☐ 친구들보다 체력이 좋은 편이다.
- ☐ 동물들의 생태에 대해 관심을 기울이며 자주 관련 정보를 찾아본다.

경찰관

경찰관은 사회의 질서를 유지하고, 국민의 생명과 재산을 보호합니다. 안전을 위해 교통 단속과 사고 예방 활동을 하며, 법을 어긴 사람에게는 벌금을 물게도 해요. 또, 범죄 수사를 통해 범인을 잡고, 범죄 예방을 위해 순찰하는 것도 경찰의 중요한 업무 중 하나입니다. 인터넷에서 일어나는 해킹과 같은 사이버 범죄 수사를 하기도 합니다. 중요한 인물을 경호하고 비상 상황에 대비한 훈련을 시행하는 것도 경찰의 일입니다.

어떤 능력과 기술이 필요할까요?

경찰은 법과 안전에 대한 지식과 더불어 지리, 교통에 대한 지식 등 범죄 수사에 필요한 다양한 분야의 지식을 갖추어야 합니다. 또한 위험한 상황에서 국민을 지키기 위해 뛰어난 신체 능력도 필수적입니다. 순발력과 추리력, 기억력, 공간 지각력 등 문제 해결 능력이 필요한 직업이 바로 경찰이에요. 범죄를 저지른 사람을 회유하고 설득할 수 있는 협상 기술도 경찰이 갖추어야 할 필수 능력입니다.

관련 전공, 추천 학과

법학과, 해양경찰학과, 경찰행정학과

무엇을 준비하면 좋을까요?

경찰은 나라에 소속된 공무원*이에요. 경찰 채용 시험에 합격하거나 국립 경찰대학교를 졸업하면 바로 경찰관이 될 수 있습니다. 경찰 채용 시험을 보기 위해 관련 전공을 할 필요는 없지만, 경찰 행정학과를 졸업하면 경찰 시험을 볼 때 많은 도움이 될 수 있어요. 필기시험 외에도 면접과 체력 시험이 매우 중요하기 때문에 평소 경찰관으로서의 마음가짐은 물론, 뛰어난 운동 실력을 갖춰두면 경찰이 되는 것에 큰 도움이 될 거예요. 또 경찰 채용 시험을 치르기 위해서는 1종 보통 운전면허나 대형 면허를 꼭 가지고 있어야 합니다.

이 직업이 제게 어울릴까요? 체크 리스트

- ☐ 잘못된 일을 보면 잘못되었다고 말하고 고치고 싶다.
- ☐ 다른 친구를 괴롭히는 친구를 혼내 준 적이 있다.
- ☐ 나는 법과 규칙을 잘 지키는 사람이다.
- ☐ 나는 달리기를 잘한다.
- ☐ 나는 길을 잘 찾는 편이다.
- ☐ 사람의 얼굴이나 옷차림을 잘 기억한다.

*공무원 : 국가 또는 지방 공공 단체에서 일하는 사람.

소방관

소방관은 불이 나거나 위험한 상황에서 사람들과 재산을 지키는 일을 합니다. 화재를 예방하기 위해 학교나 병원 등의 건물 소방 시설을 주기적으로 점검하고, 주변에 위험 요소가 있는지 순찰해요. 소방관들은 교통사고, 건물 붕괴와 같은 사고가 발생하면 사람들을 구하고, 위급한 환자를 병원으로 옮겨요. 산과 강, 바다와 같이 자동차로 들어가기 어려운 현장을 담당하는 구조대도 있답니다.

어떤 능력과 기술이 필요할까요?

소방관에게는 신속하게 화재 현장에 대응하고 인명을 구조할 수 있는 체력과 민첩성, 판단력이 필요합니다. 화재 진압 기술과 함께, 다양한 구조 상황에 적절하게 대처할 수 있는 응급 처치 능력도 필수적이지요. 또한, 위기 상황에서도 침착해야 하며, 동료들과 힘을 합쳐 안전하게 임무를 수행할 수 있어야 합니다. 마지막으로, 소방 장비의 사용과 관리에 대한 전문적인 지식도 필요해요.

관련 전공, 추천 학과

응급구조학과, 소방안전관리과, 행정학과, 소방행정학과, 체육 관련 전공

무엇을 준비하면 좋을까요?

소방관은 경찰관과 마찬가지로 나라에 소속된 공무원이기 때문에 소방 공무원 채용 시험을 통해 소방관이 될 수 있습니다. 시험에 응시하기 위한 학력 조건은 없으나, 1종 보통 운전면허를 반드시 가지고 있어야 합니다. 시험은 필기와 체력, 면접 시험으로 구성되어 있습니다. 필기시험에서는 소방과 관련된 지식 등을 평가하고, 체력 평가는 달리기, 윗몸 일으키기 등의 시험을 치러요. 틈틈이 운동을 해서 체력을 길러 두는 것이 좋겠죠? 면접 시험에서는 소방관으로서의 사명감이나 협동 능력을 평가합니다. 소방 공무원은 응급 상황에서 즉시 대응해야 하므로, 응급 처치 자격증을 얻거나 심폐 소생술(CPR)* 등의 기술을 익혀 두는 것이 좋습니다. 소방관이 되고 싶은 친구들은 안전에 관한 폭넓은 관심과 지식, 화재와 사고로 인해 위험에 처한 시민들을 구할 수 있는 충분한 신체 능력 그리고 봉사 정신을 동시에 준비해야 해요.

이 직업이 제게 어울릴까요? 체크 리스트

- ☐ 약속을 잘 지키고 책임감이 있다.
- ☐ 급한 일이 있어도 당황하지 않는다.
- ☐ 어둡거나 높은 곳을 무서워하지 않는다.
- ☐ 지도를 볼 줄 알고 방향을 잘 찾는다.
- ☐ 위험한 행동은 하지 않고 안전 수칙은 반드시 지킨다.
- ☐ 도움이 필요한 친구가 있으면 쉽게 지나치지 못한다.
- ☐ 뛰어 놀기를 좋아하고 활동적이다.

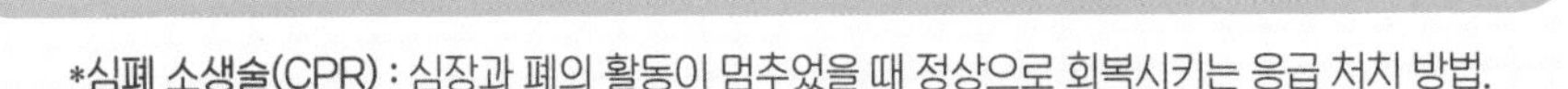
*심폐 소생술(CPR) : 심장과 폐의 활동이 멈추었을 때 정상으로 회복시키는 응급 처치 방법.

나의 성격을 한 문장으로 소개해 보세요.
친구들에게도 나의 성격이 어떤지 물어보고,
나의 생각과 어떻게 다른지 비교해 보세요.

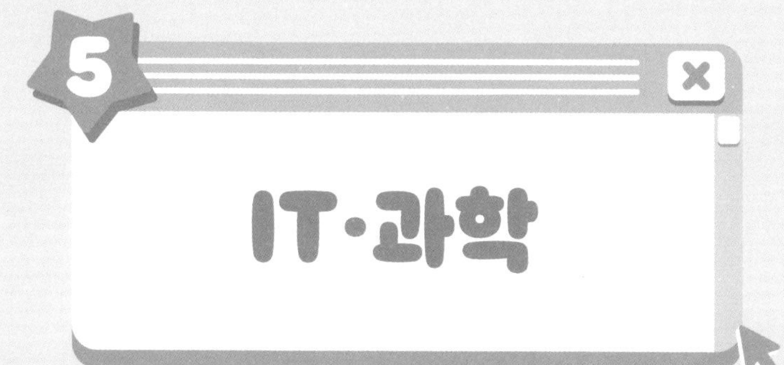

5 IT·과학

컴퓨터 프로그래머

컴퓨터 프로그래머는 사람이 컴퓨터로 하려는 일을 컴퓨터가 알아들을 수 있는 언어로 알려 주는 사람입니다. 우리가 친구에게 "같이 놀자."라고 말하면 친구가 함께 놀기 위해 오는 것처럼 프로그래머는 컴퓨터에게 "이렇게 해 봐." 라고 설계하여 알려 주는 거지요.

프로그래머는 코딩*이라는 특별한 방법으로 컴퓨터가 해야 할 일을 정해 줍니다. 이러한 작업들이 모여 우리가 사용하는 다양한 프로그램이 만들어져요. 우리가 이용하는 각종 웹사이트를 만드는 웹 프로그래머, 운영 체제를 개발하는 소프트웨어 개발자를 모두 프로그래머라고 부릅니다.

어떤 능력과 기술이 필요할까요?

복잡한 문제를 단계별로 해결해야 하므로 논리적인 사고력이 필요합니다. 파이썬(Python), 자바(Java), C++ 같은 다양한 프로그래밍 언어에 대한 지식도 갖춰야 해요. 프로그래밍 분야는 새로운 기술이 계속 등장하기 때문에, 늘 공부하는 자세도 중요합니다. 꼼꼼한 작업 능력도 필요해요. 코딩은 작은 실수도 큰 오류로 이어질 수 있기 때문이에요.

*코딩 : 프로그램의 코드를 작성하는 일.

관련 전공, 추천 학과

컴퓨터공학과, 소프트웨어공학과, 게임공학과, 정보통신과, 정보통신공학과, 컴퓨터소프트웨어과

무엇을 준비하면 좋을까요?

최근에는 컴퓨터 공학과와 별개로 소프트웨어와 관련된 학과들이 많이 생겨서 소프트웨어 공학과, 소프트웨어 개발과 등에서도 프로그래밍 기술을 배울 수 있습니다. 하지만 해당 전공자만 프로그래머가 될 수 있는 것은 아니에요. 프로그래밍을 전공하지 않아도 학원에서 프로그래밍 언어를 배울 수 있습니다. 자격증을 취득하는 것 역시 취업에 도움이 됩니다. 국내 자격증으로 정보처리(산업)기사 등이 있고, 국제 자격증으로 자바 언어 자격증, 네트워크 프로그래밍 자격증 등이 있습니다. 이 자격증들은 대부분 학력과 연령, 성별에 상관없이 취득이 가능하므로 미리 준비해 보는 것이 도움이 될 거예요.

이 직업이 제게 어울릴까요? 체크 리스트

- ☐ 새로운 물건이나 기계가 있으면 어떻게 작동하는지 알고 싶다.
- ☐ 새로운 아이디어가 많고 창의적인 생각을 잘한다.
- ☐ 일의 순서를 잘 따지고 단계별로 해결하는 편이다.
- ☐ 퍼즐이나 퀴즈를 푸는 것을 좋아한다.
- ☐ 친구들과 팀을 이뤄 무언가 하는 것이 좋다.
- ☐ 컴퓨터나 게임에 관심이 많다.
- ☐ 하나의 일에 오래 집중할 수 있다.
- ☐ 평소에 논리적이라는 말을 자주 듣는다.

로봇 연구원

로봇 연구원은 사람의 삶을 더 편리하고 안전하게 만들 수 있도록 로봇을 설계하고 로봇의 프로그램을 연구하고 개발합니다. 개발된 로봇을 테스트해서 오류를 고치고 개선하기도 하지요. 로봇 개발에는 기계 공학, 전자 공학 등이 활용되고, 이렇게 개발된 로봇은 공장, 병원, 가정 등 다양한 분야에 사용됩니다. 예를 들어, 공장에서 물건을 옮길 로봇이나 사람들을 구조하는 로봇처럼 말이에요. 로봇 연구원은 로봇 공학자, 로봇 과학자, 로봇 기술자 등으로도 불려요. 이 이름들에 약간의 차이는 있지만 모두 로봇을 연구하고 개발하는 사람을 의미합니다.

어떤 능력과 기술이 필요할까요?

로봇을 연구하고 개발할 때 수학과 과학 지식은 필수입니다. 이런 지식을 공학 지식이라고 불러요. 또, 로봇에게 어떤 일을 하도록 명령하기 위해서는 컴퓨터 프로그래밍 능력도 갖춰야 하죠. 로봇을 개발하는 일은 곧 수많은 오류를 고치는 일이기도 해요. 논리적 사고력과 끈기 있는 탐구 정신도 필요하답니다. 로봇은 다른 전문가들과 힘을 합쳐서 만들기 때문에 의사소통 능력도 중요하겠죠? 로봇 개발이 사람들에게 긍정적인 영향을 줄 수 있는지 판단하는 윤리적인 태도도 중요한 덕목이랍니다.

관련 전공, 추천 학과

로봇공학과, 기계공학과, 전기전자공학과, 컴퓨터공학과, 산업공학과

무엇을 준비하면 좋을까요?

기계 공학, 전자 공학, 컴퓨터 공학을 공부해 관련 지식을 갖추는 것이 좋습니다. 많은 연구원들은 석사 이상의 학위를 가지고 있는 경우가 많으니 대학원 진학을 함께 고려해 보는 것도 도움이 될 것입니다. 로봇 연구에 필요한 프로그래밍 언어와 소프트웨어 개발 능력을 키울 수 있는 코딩 수업을 들으며 공부하는 것이 좋아요. 인터넷 강의를 보며 로봇 공학에 관한 지식을 미리 습득하는 것도 좋은 방법입니다. 데니스 홍 같은 유명한 로봇 공학자들이 쓴 책을 읽어 보며 로봇 연구원으로서 갖추어야 할 자세에 대해 배우는 것도 좋은 방법이 될 것입니다.

이 직업이 제게 어울릴까요? 체크 리스트

- ☐ 수학과 과학을 좋아한다.
- ☐ 로봇 기술에 관심이 많다.
- ☐ 다른 사람과 생각과 의견을 나누는 게 즐겁다.
- ☐ 최신 로봇 기술을 알아보고 관련 뉴스를 구독하고 있다.
- ☐ 어떤 일에 문제가 계속 발생해도 포기하지 않고 해결하려고 한다.
- ☐ 내가 원해서 코딩에 대해 알아보거나 배워 본 적이 있다.
- ☐ 나는 엉뚱한 상상을 잘한다.

건축가

우리는 대부분의 시간을 실내에서 보냅니다. 건축가는 우리가 생활하는 건물을 설계하고, 완성되는 과정을 감독해요. 전문 지식과 창의력을 발휘하여 새로운 건물을 설계하고, 건축물의 스케치 및 모형을 준비합니다. 또한 건물이 주변 환경과 잘 어우러질 수 있도록 주변 환경을 관찰하고 탐구합니다. 건축가는 설계도*의 내용이 공사 과정에 정확히 반영되었는지 설계부터 공사까지 전체 과정을 감독하는 일을 해요. 리더십이 있고, 다른 사람들을 이끄는 것을 좋아하는 친구들에게 잘 어울리는 직업입니다.

어떤 능력과 기술이 필요할까요?

건축가는 설계도만 보고도 건물을 입체적으로 떠올릴 수 있어야 해요. 공간 지각 능력이 뛰어난 친구들이 유리합니다. 건물이 지어지는 과정에는 다양한 요소를 고려해야 하므로 복잡한 문제를 단계적으로 해결할 수 있는 논리력도 갖추어야 해요. 또한 건물을 의뢰한 고객과 대화를 통해 건물을 설계하고, 다른 기술자들과 함께 일을 해야 하기 때문에 원활한 소통 능력도 중요합니다. 이 외에도 건축에 쓰이는 재료를 이해하고, 건축법 및 각종 규제를 지켜야 하므로 건축에 대한 다양한 지식을 갖추어야 합니다.

***설계도** : 건물의 구조와 크기 등을 그려 둔 그림.

관련 전공, 추천 학과

건축학과, 건축공학과, 건축과 등

무엇을 준비하면 좋을까요?

전문대학이나 대학교의 건축학과, 건축 공학학과를 졸업하고 건축사 자격을 얻으면 건축가로 취업할 수 있습니다. 직접 건축사 사무소를 운영하거나, 전문성과 경험을 쌓은 후 대학 교수로 활동할 수도 있어요. 우리가 자주 하는 블록 쌓기, 퍼즐 놀이와 같이 여러 가지를 조립하는 놀이를 통해서 자연스럽게 공간 지각 능력을 키울 수 있습니다. 멋진 건물을 만들기 위해서는 예술적인 재능이 필요하기 때문에 미술 공부도 도움이 됩니다. 거리를 지나며 새로운 건축물들을 많이 접해 보고 그 구조에 대해 생각해 본다면, 건축가가 되는 데 많은 도움이 될 거예요.

이 직업이 제게 어울릴까요? 체크 리스트

- ☐ 건축물과 공간 디자인에 대해 관심이 있다.
- ☐ 복잡한 문제 해결을 좋아하고 새로운 접근 방식을 찾는다.
- ☐ 창의적인 아이디어를 시각적으로 표현하는 것을 좋아한다.
- ☐ 여러 사람들과 함께 작업하는 것을 좋아한다.
- ☐ 컴퓨터 기술에 관심이 있거나 배우는 것을 좋아한다.
- ☐ 다른 사람에게 나의 의견을 명확하게 전달할 수 있다.

농업 기술자

농업 기술자는 새로운 작물이나 농업 기술을 연구합니다. 농작물*이 잘 자랄 수 있는 토양을 조사하고, 필요한 영양분을 공급해 작물이 잘 자랄 수 있도록 돕습니다. 좋은 농작물을 생산하기 위해 품종 개량*을 연구하고, 농작물이 병과 해충의 피해를 입지 않도록 예방법을 사람들에게 교육하는 등 농업 발전을 위해 노력합니다. 농업과 생명의 소중함을 알고 있는 친구들에게 잘 어울리는 직업이에요.

어떤 능력과 기술이 필요할까요?

농업 기술자는 적은 노력으로 많은 농작물을 얻기 위해 과학과 기술을 적용하는 전문가로서, 다양한 생물학적 지식이 필요해요. 농업에 사용되는 다양한 장비에 대한 기초 지식도 갖춰야 하죠. 드론과 같은 첨단 장비도 농업에 많이 사용되고 있어, 기술 활용에도 능숙해야 합니다. 새로운 기술을 발표하고, 교육하는 업무도 많기 때문에 리더십과 효과적인 소통 능력도 필요해요.

***농작물** : 농업에서 키우는 식물.

***품종 개량** : 생물의 유전적 장점을 섞어 더 좋은 품종을 만드는 일.

관련 전공, 추천 학과

농학과, 농공학과, 농생물학과, 농업경제학과(산림경영지도원), 농학과, 산림·원예학과 등

무엇을 준비하면 좋을까요?

농업 기술자가 되기 위해서는 직접 식물을 기르는 경험을 해 보는 것이 좋습니다. 집에서 작은 화분을 키우는 일이나, 주말 농장 혹은 농촌 현장 체험을 통해 식물의 성장을 관찰하고 경험할 수 있습니다. 농업 기술자는 공무원 채용 시험을 통해 농촌 지도사가 될 수 있으며, 농촌 진흥청 및 각 지역의 농업 기술센터에서 근무할 수도 있어요. 자신의 논과 밭에서 직접 농작물을 키우거나, 다른 사람의 농장에 취업할 수도 있습니다. 이를 위해 농업 관련 특성화고등학교나 전문대학 및 대학교에서 농학, 농업 화학, 원예학, 생명 자원학 등을 전공하는 것이 좋아요. 관련 자격증으로는 한국산업인력공단에서 시행하는 유기농업기사, 농화학기사, 농업기계기사 등이 있습니다.

이 직업이 제게 어울릴까요? 체크 리스트

- ☐ 복잡한 상황이나 기술적인 내용을 다른 사람에게 쉽게 설명할 수 있다.
- ☐ 농업 현장을 접한 경험이 있거나 관심이 있다.
- ☐ 새로운 기술, 기계를 다루는 것에 관심이 있고 배우고 싶다.
- ☐ 환경을 보호하고, 자연을 더 좋게 만드는 일을 하고 싶다.
- ☐ 꽃, 나무, 채소 등을 키우는 것을 좋아하고, 잘 돌본다.
- ☐ 숲, 들판, 정원과 같이 자연 속에서 노는 것을 좋아한다.
- ☐ 다양한 사람들과 잘 소통하는 편이다.

인공 지능 개발자

인공 지능* 개발자는 스스로 생각하고 판단하는 컴퓨터 프로그램을 만드는 전문가를 말합니다. 인공 지능 프로그램에 새로운 지식을 가르치고, 배운 지식들을 이용해 프로그램이 스스로 새로운 지식을 만들어 낼 수 있도록 도와요. 프로그램이 실수를 하면 바로잡아 주는 것도 개발자의 일입니다. 평소에 정보 통신 기술과 각종 스마트 기기, 인공 지능 서비스의 작동 원리에 흥미가 있다면 관심 가져볼 만한 직업이에요.

어떤 능력과 기술이 필요할까요?

인공 지능 개발자는 과학을 비롯해 수학, 컴퓨터 공학에 대한 깊이 있는 지식이 필요합니다. 각종 컴퓨터 응용 프로그램을 능숙하게 활용하며 자신이 가진 정보를 논리적이고 체계적으로 정리할 수 있는 논리력도 필요해요. 다양한 사물에 대한 호기심과 창의력, 문제를 해결하기 위해 끈기 있게 도전하고 해결책을 찾는 자세를 갖춘 친구들에게 적합합니다.

***인공 지능** : 인간의 지능이 갖는 학습, 추리 등의 기능을 갖춘 컴퓨터 프로그램.

관련 전공, 추천 학과

컴퓨터공학과, 컴퓨터소프트웨어과, 정보통신공학과, 전자공학과, 컴퓨터응용기계과, 전기자동화과, 컴퓨터과학과, 통계학과 등

무엇을 준비하면 좋을까요?

인공 지능 개발자는 연구원으로 활동하거나 정보 통신 회사에 취직할 수 있습니다. 인공 지능 개발자가 주로 하는 일이 프로그램 개발이라고 하니, 프로그램 관련 전문 지식은 꼭 필요하겠죠? 컴퓨터 공학, 정보 공학, 정보 시스템, 데이터 프로그래밍 등의 분야를 깊게 이해해야 합니다. 인공 지능 분야는 다양한 분야의 기술이 융합*되어 만들어지기 때문에 관련 전공이 아닌 경우에도 인공지능 개발자가 될 수 있지만, 기초 과학 지식은 꼭 필요합니다. 코딩 프로그램이나 수업을 통해 프로그래밍에 대한 기초 지식과 원리를 익혀 두면 큰 도움이 될 거예요.

이 직업이 제게 어울릴까요? 체크 리스트

- ☐ 퍼즐이나 퀴즈를 풀면서 문제를 해결하는 것을 즐긴다.
- ☐ 실패해도 이를 통해 배우는 것이 있다고 생각한다.
- ☐ 어떤 일이 일어난 순서를 생각하고 정리하는 것을 좋아한다.
- ☐ 새로운 것을 만드는 것을 좋아한다.
- ☐ 친구들과 함께 일을 해결하고 서로 생각을 나누는 것을 좋아한다.
- ☐ 기술을 이용해 사람들을 돕거나, 세상이 더 좋아지는 것을 상상한다.

*융합 : 서로 다른 것을 하나로 합치는 것.

항공 우주 연구원

하늘을 나는 비행기나 우주선을 보면서 직접 만들거나 조종하고 싶었던 적 있나요? 항공 우주 연구원은 항공기, 우주선, 로켓, 인공위성을 연구하고 개발해요. 공기 중을 비행하는 각종 비행 물체를 설계하고 더 안전하고 빠르게 움직일 수 있도록 연구합니다. 달이나 행성을 탐사하는 일도 할 수 있어요. 상상력이 풍부하고 새로운 것 배우기를 좋아하는 친구들에게 추천하는 직업이에요. 또한 수학, 과학 과목에 흥미가 있어야 해요.

어떤 능력과 기술이 필요할까요?

항공 우주 연구원은 복잡한 문제를 분석하고 새로운 해결 방법을 찾기 위해서 공학적 문제 해결 능력과 창의적 사고가 필요해요. 수학과 과학을 잘 이해해야 하는데, 항공 우주 분야의 문제 해결에 필수적이기 때문입니다. 항공 우주 연구는 다양한 분야의 전문가들과 협력하기 때문에, 의사소통을 잘해야 합니다. 또한 빠르게 발전하는 분야라서 끊임없이 공부하고 새로운 기술과 개념을 배우고 적용하는 데에 열정이 있어야 합니다.

관련 전공, 추천 학과

항공우주공학과, 항공재료공학과, 재료공학과, 물리학과, 전자공학과, 천문학과 등

무엇을 준비하면 좋을까요?

항공 우주 연구원이 되기 위해서는 대학교의 항공 우주 관련 학과를 졸업하는 것이 좋아요. 때로는 대학원 이상의 전문 교육을 통해 깊이 있고 전문적인 공부와 연구 실적이 필요합니다. 이 분야의 관련 국가 자격증으로는 항공기관기술사, 항공기체기술사, 항공(산업)기사 등이 있습니다. 관심이 있는 친구들은 과학 창의 재단이나 각 지역의 대학교에서 운영하는 진로 체험 센터를 통해 항공 우주 공학 기술에 대한 체험을 해 보거나, 항공 우주 박물관 및 한국항공 우주 연구원의 견학 프로그램을 통해 꿈을 키워 보는 것도 좋은 기회가 될 거예요.

이 직업이 제게 어울릴까요? 체크 리스트

- ☐ 다른 사람의 의견을 듣고, 함께 해결하는 방법을 찾는 것이 좋다.
- ☐ 오래 집중해서 무언가를 할 수 있는 체력과 인내심이 있다.
- ☐ 로봇, 비행기, 우주선 같은 기술적인 것들에 관심이 많다.
- ☐ 어려운 문제를 포기하지 않고 끝까지 해결하는 편이다.
- ☐ 과학 실험이나 자연 현상에 대해 배우는 것을 좋아한다.
- ☐ 작은 부분도 놓치지 않고 정확하게 일을 끝낸다.
- ☐ 위험한 상황에서 항상 안전을 먼저 생각한다.

엔지니어

엔지니어는 기술적인 문제를 해결하고 새로운 기술을 개발하는 직업이에요. 다양한 산업 분야에서 공학 원리를 이용해서 기계 장치를 연구하고 개발하는 일을 합니다. 예를 들어, 컨베이어 벨트*처럼 사람이 더 편하고 빠르게 작업하도록 도와주는 기계를 만들어요. 엔지니어는 창의적인 생각과 기술을 바탕으로 세상을 더 편리하게 만드는 사람들입니다. 기계와 컴퓨터를 잘 다루고, 문제 해결에 흥미를 느끼는 친구들에게 잘 어울려요.

어떤 능력과 기술이 필요할까요?

엔지니어는 복잡한 문제를 분석하고 해결책을 찾기 위해 논리적인 사고력과 분석력이 필요해요. 기계나 컴퓨터 프로그램들을 잘 다룰 줄 알아야 합니다. 다른 사람들과 협력하고 아이디어를 효과적으로 전달할 수 있어야 하고, 새로운 기술과 제품을 개발하고자 하는 열정과 꾸준히 배우려는 의지, 그리고 호기심을 가지는 태도가 필요해요.

*컨베이어 벨트 : 두 개의 바퀴에 벨트를 걸어 돌리면서 물건을 연속적으로 운반하는 장치.

관련 전공, 추천 학과

기계공학과, 기계설계공학과, 생산기계공학과, 응용기계공학과, 기계산업공학과, 기계시스템공학과, 기계산업시스템공학과 등

무엇을 준비하면 좋을까요?

로봇을 직접 조립하고, 프로그래밍 언어를 배워 간단한 게임이나 프로그램을 만들어 보는 체험은 엔지니어링의 기본을 배우는 데 도움이 됩니다. 엔지니어는 각종 기업 및 연구소, 정부 기관 등에서 일하게 됩니다. 이 외에 설계, 구조해석, 실험 및 측정 등을 전문으로 하는 엔지니어링 회사에서 일하기도 하지요. 과학과 기술은 끊임없이 발전하는 분야이니만큼 엔지니어들은 새로운 과학과 기술에 꾸준한 관심을 가져야 합니다. 기계 공학을 전공하거나 관련 기술을 공부하고, 보다 깊이 있는 학습을 위해서 대학원에 진학하기도 합니다.

이 직업이 제게 어울릴까요? 체크 리스트

- ☐ 어려운 문제를 만나면 해결하려고 끝까지 노력한다.
- ☐ 수학 문제나 과학 실험을 재미있게 생각한다.
- ☐ 로봇이나 컴퓨터, 장난감을 조립하거나 작동시키는 것을 즐긴다.
- ☐ 상상력을 발휘해 새로운 것들을 만들어 보고 싶다.
- ☐ 작은 부분도 주의 깊게 살펴보면서 일을 꼼꼼히 마무리하는 편이다.
- ☐ 친구들과 협력하여 함께 작업하고 서로 의견을 나누는 것이 좋다.
- ☐ 새로운 기술이나 도구를 배우는 것이 흥미롭고 재미있다.
- ☐ 기술과 과학에 대한 관심이 많고, 관련된 책이나 영상 보는 것을 즐긴다.

미래의 내 모습을 상상해 보세요.
지금 무엇을 하면 더 멋진 모습이
될 수 있을까요?

6

법·행정

외교관

우리나라를 대표해서 다른 나라와 평화 관계를 만들고 유지하는 일을 합니다. 해외에 머무는 재외 국민*이나 여행자들을 보호하기도 하죠. 또한 국제회의나 행사에 참석해서 우리나라의 입장을 잘 설명하고 홍보해야 합니다. 외교관은 세계를 여행하며 다양한 문화를 경험할 수 있지만 오랜 시간 한국을 떠나 낯선 외국에서 지내야 한다는 어려움이 있습니다. 하지만 힘든 만큼 우리나라를 대표하는 역할을 수행하며 큰 보람과 자부심을 느낄 수 있는 직업이기도 합니다.

어떤 능력과 기술이 필요할까요?

외교관에게 가장 중요한 능력은 언어 능력과 의사소통 기술입니다. 영어를 포함한 외국어를 자유롭게 사용할 줄 알아야 하며, 국가 간의 중요한 문제를 해결하기 위해 서로의 의견을 원활하게 조정할 수 있어야 합니다. 또한, 다양한 나라의 문화적 배경에 적응할 수 있어야 하므로 열린 마음과 이해심도 필요합니다.

*재외 국민 : 외국에서 살고 있는 우리나라 국민.

관련 전공, 추천 학과

경제학과, 국제문화정보학과, 국제통상학과, 국제학부, 정치외교학과, 행정학과, 법학과, 다양한 외국어 계열 전공

무엇을 준비하면 좋을까요?

평소 뉴스와 책을 통해 다른 나라의 상황과 국제 관계에 관심을 가지는 것이 좋아요. 해외 연수, 교환 학생을 통해 국제 경험을 쌓는 것도 많은 도움이 됩니다. 외교관이 되기 위해서는 보통 정치 외교학, 정치학, 경제학, 법학, 외국어 등과 관련된 전공을 공부하는 것이 좋습니다. 외국어는 외교관에게 필수적인 능력이에요. 영어 외에도 세계적으로 많이 사용되는 언어와 근무를 희망하는 국가에서 사용하는 언어를 잘 익혀 두는 것이 중요합니다. 외교관은 5급 공무원 공개 채용 시험의 외교관 후보자 선발 시험을 통과해야 하는데, 이 시험에서는 외교 분야의 전공 지식과 외국어 능력, 논술 능력 등을 평가합니다.

이 직업이 제게 어울릴까요? 체크 리스트

- ☐ 내 의견을 잘 표현하고 다른 사람의 의견도 잘 들어준다.
- ☐ 낯선 환경에서도 금방 적응하고 사람들과 잘 어울린다.
- ☐ 무슨 일을 할 때 날짜별로 계획이나 일정을 짜서 한다.
- ☐ 다른 사람 앞에 나서거나 발표하는 것을 좋아한다.
- ☐ 친구와 사이좋게 지내고 의견을 잘 조율한다.
- ☐ 어른이 되면 다른 나라에서도 일해 보고 싶다.
- ☐ 외국어를 배우는 것은 즐겁고 흥미롭다.
- ☐ 다른 나라에 대해 관심이 많다.

변호사

변호사는 법적인 다툼에서 도움이 필요한 사람들을 돕는 일을 해요. 더 자세히 말하자면, 민사 사건과 형사 사건에 관련된 사람들을 돕습니다. 민사 사건은 개인 간의 다툼을 말하고, 형사 사건은 범죄와 관련된 사건을 말합니다. 변호사는 이러한 사건으로 생기는 법적 다툼, 즉 소송에서 개인이나 단체를 대신하여 변호*해 주는 역할을 합니다. 또 법적인 문제로 다투는 사람들을 화해시키는 역할도 해요.

어떤 능력과 기술이 필요할까요?

변호사는 법에 관해서는 전문가가 되어서 변호를 맡은 의뢰인을 논리적으로 변호해야 합니다. 이를 위해 사건에 관한 자료를 수집하고, 꼼꼼하게 분석해야 하죠. 또, 자신이 분석한 것을 말과 글로 논리정연하게 표현할 수 있어야 합니다. 공정하고 정의로운 자세로 사건을 처리하고 사람들에게 신뢰감을 주는 것도 중요해요. 소송을 할 때는 의뢰인과 검사, 판사 등 사건과 관련된 사람들의 성향을 잘 파악하고 대처할 수 있는 능력도 필요합니다.

*변호 : 남을 감싸서 도와줌.

관련 전공, 추천 학과

법학과, 행정학과, 법학전문대학원(로스쿨)

무엇을 준비하면 좋을까요?

변호사는 다른 사람의 입장을 대신 말하고, 다양한 법률 문서를 다뤄야 하기 때문에 논리적으로 말하고 쓰는 능력을 키우는 것이 아주 중요합니다. 토론을 통해 자신의 주장과 근거를 조리 있게 펼치는 훈련을 하는 것도 좋아요.

변호사가 되려면 대학 졸업 후, 법학전문대학원(로스쿨)에 진학하여 3년 동안 교육과 실습을 받은 뒤에 변호사 시험에 합격해야 합니다. 로스쿨에 입학하려면 일반 4년제 대학 이상의 학력을 가진 사람이 법학 적성 시험(LEET)을 치르고 학부 성적과 공인 영어 성적, 봉사 활동과 면접 등 다양한 평가를 거쳐야 합니다. 로스쿨에서는 기초 법학(형법, 민법 등), 전문 법학(국제법, 의료법 등), 심화 법학(정보통신법 등)을 공부하고 모의재판이나 법률 문서 작성 등 실무 관련 공부도 해야 합니다. 로스쿨을 졸업하고 변호사 자격시험에 합격하면 변호사로 일할 수 있습니다.

이 직업이 제게 어울릴까요? 체크 리스트

- ☐ 친구들과 놀이할 때 서로 싸우지 않도록 공평한 규칙을 만든다.
- ☐ 학교에서 맡은 역할을 성실하게 수행한다.
- ☐ 복잡한 줄거리의 책을 읽을 때면 여러 번 읽어 끝까지 이해하려고 한다.
- ☐ 내가 하고 싶은 일이 있으면 다른 사람도 동참하게끔 잘 설득한다.
- ☐ 나의 의견을 조리 있게 설명하여 친구와의 다툼을 해결한다.
- ☐ 어떤 사건이 일어나면 원인과 결과를 자세히 알고 싶다.
- ☐ 수업 시간에 선생님이 말씀하신 내용은 작은 것이라도 주의 깊게 듣는다.

검사

우리 사회가 안전한 곳이 될 수 있도록, 법을 어긴 사람들을 찾아내서 그들이 법정에서 심판받도록 도와주는 사람입니다. 경찰이 범죄를 조사하면, 검사는 그 증거를 모아서 법을 어긴 사람이 잘못했는지를 판단합니다. 잘못한 사람이라고 판단되면 법정에서 처벌받을 수 있도록 판사에게 설명합니다. 법을 어기지 않은 사람이 억울하게 벌을 받으면 안 되기 때문에 신중하게 일을 처리하고, 피해자를 보호하고 돕는 역할도 합니다.

어떤 능력과 기술이 필요할까요?

사건의 증거를 분석하는 논리적 사고력과 자신의 주장을 조리 있게 전달할 수 있는 의사소통 능력이 필요합니다. 범죄를 저지른 사람과 피해를 받은 사람 모두가 공정한 심판을 받을 수 있도록 강한 도덕심과 정의감도 필요합니다. 사건의 작은 부분도 재판에 큰 영향을 끼칠 수 있기에 모든 단서를 빠짐없이 꼼꼼하게 처리할 수 있는 자세도 갖추어야 합니다.

관련 전공, 추천 학과

법학과, 행정학과, 법학전문대학원(로스쿨)

무엇을 준비하면 좋을까요?

검사가 되기 위해서는 4년 대학을 졸업한 후 법학전문대학원(로스쿨)에서 3년 동안 교육과 실습을 받은 뒤 변호사 시험에 합격해야 합니다. 변호사 시험 합격 후에는 검찰청에서 주관하는 시험을 봐서, 검사가 되기에 알맞다고 평가된 사람을 검사로 최종 선발합니다. 로스쿨에 진학하여 변호사 시험을 보는 것까지는 변호사가 되는 과정과 비슷합니다. 그러나 변호사와 달리 검사는 국가를 대표하여 범죄를 조사하고, 법을 어긴 사람의 처벌을 요구하는 중요한 역할을 합니다. 그렇기에 범죄 사건에 대한 증거를 수집하고 사건을 철저하게 분석하는 날카로운 시선을 갖춰야 합니다.

이 직업이 제게 어울릴까요? 체크 리스트

- ☐ 새로운 사실이나 정보를 알게 되면 그 사실이 맞는지 더 확인한다.
- ☐ 다른 친구를 괴롭히는 친구를 혼내 준 적이 있다.
- ☐ 뭐든 실수하기 싫어서 꼼꼼하게 준비하는 편이다.
- ☐ 잘 모르는 친구와도 친근하게 대화를 잘한다.
- ☐ 수업 시간이나 학급 회의 시간에 발표를 잘한다.
- ☐ 할 일이 많을 때 우선순위를 잘 생각해서 한다.
- ☐ 항상 자신감 있게 행동한다.
- ☐ 다른 사람의 충고를 귀담아듣는다.

판사

판사는 법정에서 검사와 변호사가 벌이는 주장을 듣고, 사건의 증거 등을 참고하여 판결*을 내리는 사람입니다. 판사는 재판을 통해 사람들 간의 법적 다툼을 해결하거나, 형사 사건의 범죄 여부를 판단합니다. 재판과 관련된 증인과 증거 채택 방식, 재판 방식 등 재판의 절차를 정할 수 있는 사람도 판사입니다. 판사가 내린 판결이 오랜 시간 우리 사회에 영향을 미칠 수 있는 만큼, 판사는 국민의 권리를 지키기 위해 최선을 다해야 하고 법과 양심에 따라 공정하게 판결을 내려야 합니다.

어떤 능력과 기술이 필요할까요?

법에 대한 해박한 지식을 바탕으로, 주어진 상황을 종합적으로 분석해 올바른 결정을 내릴 수 있는 판단력이 필요합니다. 판결문 등 법률 문서 작성에 필요한 글쓰기 능력과 변호사, 검사, 증인 등과 원활하게 의사소통할 수 있는 능력도 필요하죠. 판사는 도덕적인 인성을 갖춰야 하고, 윤리와 규칙을 철저하게 지켜야 합니다. 또, 사회 변화에 따라 바뀌거나 새롭게 만들어진 법에 대해 꾸준히 공부해야 합니다. 끊임없는 사회 변화로 세상에 새롭게 등장하게 되는 다툼과 범죄에 대해 늘 고민하는 자세도 필요합니다.

***판결** : 옳고 그름을 따져서 결정함.

관련 전공, 추천 학과

법학과, 행정학과, 법학전문대학원(로스쿨)

무엇을 준비하면 좋을까요?

판사로서 반드시 필요한 논리적 판단력을 기르려면 독서와 토론, 글쓰기 연습, 논리적인 사고 연습 등을 하는 것이 좋습니다. 다양한 주제나 형식으로 거듭해서 훈련해 보는 것이 좋아요. 또한 생활 속에서도 한쪽의 의견만 듣지 않고 양쪽의 의견을 귀 기울여 듣고 공정하게 판단하는 자세를 키우는 것이 중요합니다. 판사가 되기 위해서는 우선 로스쿨에 진학하여 변호사 시험에 합격해야 합니다. 변호사 자격을 취득한 이후, 일정 기간 경력을 쌓으면 법원, 법무부에서 진행하는 선발 시험에 응시하여 판사로 활동할 수 있습니다.

이 직업이 제게 어울릴까요? 체크 리스트

- ☐ 법과 관련된 프로그램이나 책을 좋아한다.
- ☐ 독서하고 토론하기를 좋아한다.
- ☐ 친구들 간의 다툼이 있을 때 양쪽 의견을 다 들어 보고 판단한다.
- ☐ 규칙을 잘 지키는 편이다.
- ☐ 주의 깊게 관찰하는 능력이 있다.
- ☐ 분량이 많은 책이나 긴 문장의 뜻을 잘 파악해서 읽는다.
- ☐ 나는 정의로운 사람이라고 말할 수 있다.

국회의원

국회의원은 선거를 통해 정해진 국민의 대표입니다. 국회의원은 국민들의 의견에 귀를 기울여서 새로운 법을 만들고, 필요에 따라 수정하며 우리 사회에 꼭 필요한 법안*을 만들어 갑니다. 또한, 국회의원은 국민의 대표로서 대통령과 정부의 활동이 국민들에게 도움이 되는지 평가해야 합니다. 이를 위해 국민들의 세금으로 만들어진 예산을 정부가 얼마나, 어떻게 사용할 것인지 심사하고 평가하며 정부의 활동을 꾸준히 감독합니다.

어떤 능력과 기술이 필요할까요?

국회의원은 정치가입니다. 그래서 정치, 법률 등에 대한 지식과 깊이 있는 이해가 필요해요. 국민의 권리와 이익을 대신해서 말하는 역할을 하므로 국민들의 생활에 관심을 갖고 불편함이 없는지 살펴야 해요. 다양한 의견을 수용하고 공감할 수 있는 능력과 소통 능력 또한 필요하죠. 공정하고 윤리적인 자세를 가지는 것도 중요합니다.

*법안 : 법을 만들거나 고치기 위해 제안하는 문서.

관련 전공, 추천 학과

법학과, 사회학과, 정치외교학과, 경제학과, 경영학과, 행정학과 등

무엇을 준비하면 좋을까요?

국회의원은 국민들의 의견을 대표하는 자리인 만큼, 우리나라의 상황을 잘 이해할 수 있어야 해요. 또한 낮은 자세로 국민들을 위해 봉사한다는 마음가짐을 가져야 합니다. 봉사 활동이나 시민 단체 활동을 통해 우리 사회 구석구석의 다양한 경험을 해 보는 것이 좋습니다. 국회의원에 출마*하기 위해서는 우선 대한민국 국적을 가지고 있어야 하며, 최근 5년 이상 대한민국에서 거주해야 합니다. 정당* 또는 선거권자의 추천을 받으면 국회의원 선거에 출마할 수 있습니다. 일부 국회의원은 정당에 소속되지 않고 출마하기도 합니다. 선거에 출마하여 많은 지지자들에게 투표를 받으면 국회의원으로 당선될 수 있어요. 국회의원은 꾸준히 자신의 능력을 증명하고, 지지자를 얻기 위해서 공정하고 열린 자세로 소통하며 노력해야 해요.

이 직업이 제게 어울릴까요? 체크 리스트

- ☐ 사회나 경제에 관심이 많다.
- ☐ 여러 가지 정보를 잘 수집하는 편이다.
- ☐ 국가나 사회를 위해서 하고 싶은 일이 있다.
- ☐ 도서관 같은 시설을 더 낫게 바꿀 수 있다고 생각한 적이 있다.
- ☐ 여러 가지 상황을 고려해서 결정한다.
- ☐ 선거 홍보물이 궁금해서 읽어 본 적이 있다.
- ☐ 모두의 의견을 듣고 결정하는 것이 좋다.

*출마 : 선거에 후보자로 나서는 일.

*정당: 정치적인 입장이 같은 사람들이 모여서 만든 단체.

2024년 11월 05일 1판 1쇄 인쇄
2024년 11월 15일 1판 1쇄 발행

발행인 황민호
콘텐츠3사업본부장 석인수
편집장 손재희
책임편집 임우희
디자인 디자인 레브

발행처 대원씨아이㈜ www.dwci.co.kr
주소 서울시 용산구 한강대로 15길 9-12
전화 02-2071-2153(편집) 02-2071-2066(영업)
팩스 02-794-7771
등록번호 1992년 05월 11일 등록 제3-563호

ISBN 979-11-7288-717-9 (73190)

산리오캐릭터즈 도서 소개

산리오캐릭터즈
도감

산리오캐릭터즈
MBTI 사전

산리오캐릭터즈
심리 테스트 모음집

산리오캐릭터즈 숨은 그림 찾기 1·2

산리오캐릭터즈
달콤 디저트 스퀴시북

산리오캐릭터즈
팝업 하우스 만들기

산리오캐릭터즈
카드 만들기

산리오캐릭터즈 스위트 테마 스티커북